MIS PADRES NO LO SABEN

MIS PADRES NO LO SABEN

Marce Rodríguez y Mariola Cubells

PLAZA JANÉS

Primera edición: junio, 2009

Printed in Spain – Impreso en España

ISBN: 978-84-01-37999-4
Depósito legal: B. 21.273-2009

Compuesto en Lozano Faisano, S. L. (L'Hospitalet)

Impreso en Limpergraf
Mogoda, 29. Barberà del Vallès (Barcelona)

Encuadernado en Lorac Port

L 379994

A Carlota.
A Paula, a Mario, a Lucía, a Carlos.
A César, a Marina, a Daniela.
Y a todos los niños que quizá de adultos tengan
que lidiar con los intolerantes. Ojalá este libro
les sirva de bálsamo llegado el momento.

Hace unas semanas leí el reportaje «de amores iguales», sobre una pareja gay que se casará cuando la nueva ley entre en vigor. Desde entonces no me lo he podido quitar de la cabeza. Tengo 24 años, soy homosexual y sólo lo sé yo. Hace un tiempo que he dado el paso de aceptar mi verdadera condición sexual, pero aún me falta el de dar la oportunidad a mis amigos y familia a que también lo hagan. [...] Para los que vivimos nuestra homosexualidad en la más absoluta soledad es de gran ayuda saber que existen muchas personas, entre ellas las que integran el gobierno de tu país, que estarán a tu lado cuando decidas dar ese paso que no siempre es tan fácil como se refleja en las series de televisión.

Carta al director de *El País Semanal*

Índice

Homosexualidades y familias

Se acabó, por fortuna, el tiempo de las generalizaciones. La homosexualidad no puede ser caracterizada como una esencia unívocamente determinada para todos los casos, ni la familia tampoco. Esta polisemia de ambos conceptos (homosexualidad y familia) resulta realmente endiablada a la hora de reflexionar en abstracto sobre el asunto. Por eso la mayoría de los escritores y los homosexuales serios que reflexionamos sobre este asunto, tratamos a veces, mediante un no del todo legítimo *zoom*, presentar un cuadro implícita o explícitamente autobiográfico del asunto. Yo mismo he hablado de la homosexualidad y de la familia con frecuencia y gran número de páginas en muchas novelas mías. Esto, por supuesto, no me autoriza a citarme ahora. Pero sí a tratar de extractar conceptualmente lo que en mis libros aparece contado con todo detalle, en carne viva. No sólo hay homosexualidades y familias diferentes entre sí, sino que además hay poderosas diferencias cronológicas entre las homosexualidades y las familias de mi generación y las generaciones siguientes. En la excelente película titulada *Far from Heaven* (*Lejos del cielo*) tenemos un retrato del asunto de la homosexualidad, su problemática y su tragedia (unida por lo demás al racismo y clasismo de la época) dentro del seno de una familia americana convencional. En la interesante serie, también americana, titulada *Cinco hermanos*, el panorama es ya completamente distinto: la homosexualidad aparece integrada por lo menos en las familias estadounidenses progresistas (votantes del Partido Demócrata e incluso del Republicano). Hay miles de películas sobre este asunto. Yo menciono estas dos para trazar un esquema seco y claro. Cuando mi generación (1939) andábamos entre los 10 y los 20 años, no había ninguna posibilidad de pacto entre homosexualidad y familia, ni de mínimos ni, por supuesto, de máximos. Los más piadosos lo consideraban una enfermedad, los más virulentos (entre ellos la Iglesia católica española) una aberración biológica y un pecado. Quiere decirse que no había ningún «salir del armario», como no fuese que te metieran en la cárcel y alguien tuviera que ir a buscarte allí. Ser maricón se consideraba un sambenito terrible que implicaba a toda la familia y del que no se libraba nadie. Lo más grave, en mi opinión, y lo más injusto de esta situación era que se consideraba que el amor, la ternura y la convivencia en pareja sólo tenían sentido en las relaciones heterosexuales, por consiguiente había que tener sentimientos que no se sentían, fingir que se sentían. He desarrollado este asunto de los sentimientos impostados en todas mis novelas. Aún hoy en día, para asombro de algún amigo muchísimo más joven que yo, hablo con frecuencia de tener que sentir esto o lo otro, y me acojo al imperativo categórico kantiano en un inconsciente esfuerzo por justificar (no obstante lo absurdo y cruel que aquello fue) la estricta disciplina sentimental en que me eduqué. Yo nunca cedí. Nunca fingí tener novias y tontear con las chicas ni por supuesto casarme (lo cual no significa que yo sea misógino, todo lo contrario), pero sentí con gran frecuencia la violencia de tener que hacerme violencia a mí mismo para sentir lo que creía debía sentir porque era lo que sentía en mi grupo social y en mi familia.

Ésta es mi colaboración para una empresa colectiva de reflexión acerca de la homosexualidad y la familia en nuestros días, en 2009. Confío haber aportado alguna sugerencia menor pero verdadera al debatido y complejo asunto de las homosexualidades y las familias, que sigue siendo en estos días, y a pesar de los extraordinarios avances legales —que debemos a los socialistas—, un asunto en el que aún queda mucho por pensar y por hablar.

ÁLVARO POMBO

Presentación

Aquí empieza todo

Madrid, jueves 30 de junio de 2005. Marce y Pablo están comiendo en la cocina del ático del barrio de Chueca que comparten como pareja desde hace nueve años. Pasta fresca con soja y vino blanco. Esa mañana el Congreso de los Diputados ha aprobado la ley que permitirá el matrimonio y la adopción a parejas del mismo sexo.

Ha sido muy emocionante, Pablito. A las diez hemos puesto la tele en la redacción con la sesión del Parlamento y hemos subido el volumen. Un momento increíble ha sido el discurso de Zapatero. Montse ha empezado a aplaudir, se ha levantado, me ha abrazado, nos hemos besado… Después de hablar contigo, no han parado los mensajes y las felicitaciones. Mariola y Violeta me han llamado llorando. Le he enviado a todo el mundo un sms: «Por fin somos ciudadanos de primera. Gracias por vuestro cariño y apoyo. Os espero a todos en la mani del sábado». En fin, ha sido alucinante, y por cierto, ahora todo el mundo me dice que cuándo vamos a casarnos. Me ha dicho Montse que tiene unas ganas locas de ponerse la mantilla, así que este verano tenemos que preparar los papeles.

Suena el teléfono. Lo coge Pablo. Es la madre de Marce, que le pregunta por él. Pablo le dice que están comiendo. Durante el tiempo que dura la escueta conversación telefónica, Marce piensa: «¿Llamará mi madre por ser hoy el día que es? Hostia, como me diga algo… ¿Lo habrá oído en la radio? ¿Lo habrá visto en la tele? ¿Se habrá acordado de mí al oírlo?…». Nervioso, a sus 41 años, Marce coge el auricular que le pasa Pablo.

—Te llamo para decirte que nos vamos a la playa antes de lo previsto —dice su madre, al otro lado del hilo telefónico.

—…vale, mamá, te llamo después, que estamos comiendo.

Habría sido un sueño para Marce escuchar a su madre felicitarlo por ese logro social que lo convertía, como siempre había reivindicado, en un ciudadano de primera. Le habría gustado no tener que vivir solo, sin ellos, sin su familia, un momento tan definitivo, tan trascendente. Le habría gustado oír a su madre decir:

—Marce, cariño, me alegro tanto… Sé que este día es muy importante para ti, para Pablo, para todos tus amigos…

No habría hecho falta más para que Marce se hubiera sentido acompañado de veras. Frente a eso sólo estaba Pablo, su nueva familia, la que él había creado junto a los suyos, a los más cercanos. Para Pablo, de 43 años, que a los 17 les dijo a sus padres que era gay, y que encontró en ellos, sobre todo en su madre, María, un apoyo absoluto, lo que esa mañana se cribiríamos juntos: él, con el peso de haberlo vivido, y yo, con la certeza de que la vida podría haber sido más grata para todos ellos si hubieran podido leer en algún sitio que no estaban solos, que no eran los únicos, que no eran extraños, y que el mundo estaba lleno de personas como ellos.

Hace tres años murió Iñaki, el amigo de Marce que tantas veces fue protagonista de nuestras conversaciones. Lo traté poco, pero para mí era un tipo cercano, porque su vida me fue llegando detalladamente a lo largo del tiempo. Su amigo Marce me la acercó. Sus últimos seis meses los pasó, alejado de todo, en una casa de Benissivà, un pueblo de la Vall de Gallinera, en el interior de Alicante, donde se dedicó a recopilar archivos de su vida, en forma de diarios, cartas, fotos. Y sobre todo a tener largas y pausadas conversaciones con Marce, que acudió allí, a aquella casa pintada de azul añil, todos los fines de semana hasta que Iñaki se marchó definitivamente. El ritual era casi siempre el mismo. Marce llegaba de Madrid, dejaba sus cosas, se instalaba en la habitación que daba a la montaña y se reunía con Iñaki en el porche. La señora que lo cuidaba se despedía después de recordarle a Marce todas las instrucciones médicas necesarias para Iñaki: las pastillas de colores perfectamente ordenadas en la repisa de la cocina, que tan poca gracia le hacían al enfermo. La costumbre de Iñaki de dejar escritas siempre sus historias vitales más importantes —sus escarceos amorosos, sus duras relaciones familiares— y su capacidad para narrar y sacarle punta incluso a lo más nimio animaron a Marce a convencer a su amigo de que nos dejara escribir su historia, y la de tantos otros compañeros, cuando él ya no estuviera.

Lo que cuenta este libro es como un viaje intenso por trozos de vida de personas «normales», que sienten, viven, sufren, aman, odian, recuerdan, olvidan, como todo el mundo. Los protagonistas, que nos han contado esos pedazos de sus historias personales, pasaron su infancia, su adolescencia y su madurez en épocas bien distintas, en momentos de la historia de este país que no siempre fueron buenos para la tolerancia. Era la época anterior a la «ley». Una época más oscura, claro, pero no completamente acabada. Las cosas, en esencia, en cuestiones sentimentales, educacionales, no han cambiado tanto, porque hay cientos de miles de gays en este país que siguen sufriendo por lo mismo que han sufrido otros. Queda mucho por hacer. La educación es fundamental para «entender» que ser homosexual no significa acostarse con personas del mismo sexo, sino «quererlos». Deberíamos cambiar el término de homosexual por este otro, más certero: homosentimental. Vaya nuestra propuesta desde aquí.

Hemos intentado agrupar esos pedazos de vida, la mayoría contados en primera persona por sus protagonistas, teniendo en cuenta lo que les unió: a veces son madres amorosas o terribles; a veces son presiones religiosas; a veces padres intolerantes; a veces hermanos cómplices. Todos esos ingredientes vitales son una parte y el todo de la infancia de muchos de nuestros compañeros en el viaje que ha supuesto este libro. Después reunimos sus historias partiendo de amores y desamores, de hijos deseados, de enfermedades, de miserias humanas, de mentiras y de sueños que nunca alcanzaron del todo.

Iñaki, el trozo vital que nos dejó, resume de alguna manera lo que queríamos contar al empezar el libro. Y su historia, como la de otros muchos que quisieron compartirla con nosotros, es ésta.

La historia de Iñaki, que ya no está

Tenía 11 años. Quinto de básica. Se acababa de morir Franco. Recuerdo una imagen. Mi primera imagen sexual: un chaval gitano mayor que nosotros proponía un juego a un grupo de niños de la clase, entre los que estaba yo: «Si me tocáis el paquete veréis cómo se mueve y crece». Y a mí me atraía. Yo la tuve presente mucho tiempo, aunque durante muchos años no fui capaz de asumir y reconocer que ésa era mi primera imagen homosexual, y que por tanto yo era un homosexual como los demás. Yo me negaba esa imagen para que no me reconocieran como a las locas o a los afeminados. No tenía referentes de ningún tipo y un «marica» no era en absoluto lo que yo quería ser, ni representaba cómo quería sentir. He intentado olvidarla pero la imagen siempre ha estado ahí.

Mi padre era guardia civil. En uno de los destinos recalamos en Madridejos, un pequeño pueblo toledano de La Mancha. Una escuela diferente donde no era capaz de integrarme. Ellos, los otros, no me dejaban participar en sus juegos, ni en su entorno, ni en su vida. Me convertí en el objeto de su crueldad, sin sentido, sin explicación. Yo era gordito, llevaba gafas y era sensible. En séptimo, dos años después de mi llegada, Ana María, una chica morena, muy guapa, que era madrina de la tuna infantil del colegio, se fijó en mí. Y eso frenó el acoso de mis compañeros de la escuela. Un acoso que había empezado con insultos: «¡Gordito! ¡Cuatro ojos!», para pasar después al insulto imperdonable: «¡Mariquita!». Yo no sabía lo que significaba, pero lo recibía como una agresión. Alguna vez lo resolví a puñetazos a la salida de clase, donde todos los niños se peleaban como muestra de virilidad.

Recuerdo vivamente la soledad, marcada por esa tiranía. Y junto a ella, a mis padres empeñándose en que tuviera amigos, en que saliera, en que me relacionara. Yo no quería. La sensación era angustiosa. Más que solo, me sentía diferente. Pero ¿diferente a qué? Lo que conocía en mi entorno no me gustaba, e intuía que debían existir otras formas de sentir, de vivir, de relacionarse, donde yo pudiera ocupar un espacio… Pero no sabía dónde estaban, aunque tenía claro que no estaban allí, en aquel pueblo hostil. Por supuesto, jamás expliqué nada en mi casa, a mis padres.

Al año siguiente, ya en octavo de EGB, otro traslado nos llevó a Alcorcón, donde supuse que encontraría a niños como yo. Un colegio nuevo, una vida nueva, o mejor, la ilusión de empezar una vida nueva fuera de la tortura y la falta de entendimiento de Madridejos. Todas las expectativas estaban en mi primer día de colegio, en encontrar a compañeros que no me insultaran, que no me pegaran; en definitiva, hallar amigos. Y el sueño se cumplió en cuestión de horas. Al salir al recreo me quedé solo, apoyado en una esquina. Una niña, Yolanda, decidida e impetuosa, vino a mi rincón y me dijo:

—¿Tú cómo te llamas?

—Iñaki —le contesté.

—¿Quieres ser amigo mío? —me preguntó.

Le dije que sí y nos convertimos en inseparables durante varios años. Se acabaron los insultos del colegio, ya nadie se metía conmigo. Por fin la calma, la tranquilidad, la posibilidad de vivir en paz la adolescencia. Sí, la llegada a mi vida de Yolanda supuso un cambio radical. Ella, los suyos, su espacio, todo era el ideal de familia para mí. Su casa era grande, luminosa, con muebles nada convencionales. La mía era gris. En la suya cada uno de los cinco hermanos tenía una habitación propia, había muchos libros, música, la casa siempre estaba llena de gente. Gente dialogante, ingeniosa, brillante. Los fines de semana eran una fiesta: los amigos de los hijos mayores acudían a menudo y alguna vez mis padres me dejaban dormir allí. Toda una aventura para mí, que abandonaba el cuarto que compartía con mi hermano y mis rutinas diarias. Sus padres eran periodistas, los hermanos mayores estudiaban para serlo. Yo hacía tiempo que también había decidido lo mismo, ser periodista.

Empezamos el instituto y llegaron algunas certezas: un día vi en un programa de televisión al responsable de las juventudes de un partido de izquierdas confesar, con la cara tapada, que era gay y que no podía decirlo públicamente, porque en su partido no lo aceptarían nunca. Fue una de las primeras sensaciones que tuve de que había alguien que era como yo. Y comprendí a lo que me tenía que enfrentar: reconocer y hacer pública la homosexualidad no iba a ser fácil. El miedo regresó, me atenazó de nuevo. Comenté con mis amigos del instituto lo que había visto en la tele, por supuesto sin decirles que yo era como él, y ninguno de ellos me aportó algo de luz que aclarara un poco las dudas que tenía sobre mi identidad sexual. En tercero de BUP era un chico sombrío, fracasaba en los estudios, a veces creo que voluntariamente. Decía que no a todo, que no siempre. A la contra por sistema. Mis padres empezaron a preocuparse —yo, que siempre había sacado buenas notas, de pronto comencé a suspender— y me llevaron al médico. En el ambulatorio, el médico de cabecera, sin más datos que lo que yo le conté sobre mi desconcierto, sobre lo que me ocurría, me preguntó si tenía novia. Yo le dije que... no. Puso una media sonrisa y dijo: «Mejor, así no tienes compromisos». Y me aconsejó:

—Haz sólo lo que te apetezca.

Recuerdo bien la frase. Creo que casi me salvó la vida.

—Piensa —me dijo— que para conseguir lo que tú quieres tienes que aprobar la selectividad.

Nunca hablamos de homosexualidad pero yo sé que él lo supo, y no me sentí condenado por ello. Escucharlo fue una liberación que me sacó del pozo negro en el que vivía. Lo que aquel médico me dijo fue definitivo: no estaba enfermo. Me dio el ánimo suficiente para dar el siguiente paso, llegar a la universidad. Ese año lo aprobé todo y me marché a Madrid a estudiar periodismo.

En casa las cosas seguían igual. Yo continuaba perdido. Pese al soplo de aire fresco que había supuesto mi conversación con el médico, seguía sin saber cómo resolver mis problemas. En una familia convencional como la mía, donde nunca nadie llevaba la contraria, cualquier rebeldía, por mínima que fuera, era todo un mundo. Recuerdo una de las primeras y sonadas broncas que tuve con mi padre. Era el año 1982 y podía votar por primera vez. Yo mismo provoqué el enfrentamiento.

—¿Por qué a esta casa sólo llegan las papeletas de AP? —le pregunté.

—Porque en esta casa sólo se vota a Alianza Popular —contestó él.

—Pues yo pienso votar al PSOE —le dije.

—Si votas al PSOE te vas de casa —concluyó.

En la mesa electoral, el día de las elecciones, estaba un amigo de mi padre, militar como él. Yo puse mi papeleta del PSOE en el sobre y lo metí en la urna. El amigo de mi padre, insólitamente, lo vio y se lo contó: «Tu hijo ha votado a los socialistas». Cuando llegué a casa mi padre me esperaba ofuscado y me echó en cara lo que había hecho. Le dije que yo votaba lo que me daba la gana.

—Y además, ¿tú cómo lo sabes, si el voto es secreto? —dije yo con inocencia.

—Porque me lo ha dicho mi amigo Pedro —espetó sin pudor.

La amenaza de echarme de casa no se cumplió esa vez ni

todas las veces posteriores en que lo hizo a lo largo de los años que viví con ellos. Vociferaba mucho y luego no pasaba nada. No había más violencia que ésa, más tensión que ésa: la de querer imponer la autoridad ante el hijo difícil, distinto y complicado que no era, ni de lejos, el que hubiera deseado.

Había ocurrido lo mismo con la decisión de estudiar periodismo.

—Esa carrera no te la pienso pagar. Quiero que estudies derecho o medicina. ¿De dónde has sacado esa idea? Alguien te la ha tenido que meter en la cabeza.

Mi madre apostillaba: «Periodismo no, hijo, que son como titiriteros».

Me puse a trabajar de administrativo en la escuela de idiomas Berlitz, en la plaza de España de Madrid, donde, por cierto, sufrí mi primer y único acoso sexual y laboral. El jefe de estudios, un señor mayor, intentaba a todas horas estar conmigo a solas, provocaba el roce, se insinuaba. Un día me puse tan nervioso que le clavé un lápiz afilado en la pierna y me largué corriendo. Perdí el trabajo, pero para entonces ya había conseguido pagarme la matrícula de mi primer año de carrera. Porque finalmente, pese a todo, empecé periodismo.

Continuaba viviendo con mis padres, que aceptaron a regañadientes lo de la carrera como otro mal del hijo extraño. Yo solía enfrentarme a casi todo —menos a lo más importante, claro— y los motivos de bronca eran permanentes. A veces insignificantes, como el pendiente… Decidí cambiar de forma radical el corte de pelo y ponerme un pendiente. Un amigo inglés me había dicho que estaba muy de moda en Europa. Lo anuncié en casa antes de hacerlo y mi padre volvió con su fórmula tradicional para imponerse. De todas maneras me corté el pelo, y me puse el pendiente que me había comprado en un viaje a Grecia, en la isla de Mikonos. Seis meses después se me infectó el lóbulo de la oreja y tuve que mandar a paseo mi toque de modernidad británica.

¿Por qué no tenía el mismo coraje para decir que era gay que para las cosas nimias? Me lo pregunto a menudo. En realidad siempre he pensado que ese enfrentamiento permanente con mis padres escondía eso, una incapacidad total para decir lo importante de veras, aquello que me dolía de veras, que me concernía de veras. Aquello que era más definitivo que los estudios, que la elección ideológica o que las modas. Lo que yo no me atrevía a decir en la mesa, ni en el sofá, ni en ninguno de los escasos lugares de la casa donde se propiciaba un diálogo, lo único auténtico: a qué tipo de personas iba a amar en el futuro, con qué tipo de seres iba a acostarme. Lo real era que yo no era como mi hermano, ni como mis primos. Que los asuntos con los que los militares amigos de mi padre bromeaban eran mis propios asuntos. Y que nada iba a cambiar eso. Podría dejar la carrera, podría cambiar de ideología política, se me podía infectar el pendiente y podría dejarme melena de nuevo. Pero nunca dejaría de ser homosexual. Y mis padres, que habían podido con todo lo demás, no podrían con eso.

Tengo amigos cuyos padres murieron con pena, y nunca supieron dónde colocaban sus hijos los afectos. Y otros que para ellos siguen viviendo en pecado, pese a que no sepan nada de cómo son sus casas, ni sus habitaciones de matrimonio. Hay madres que se horrorizan, como la mía, ante la posibilidad de que su hijo decida pedir una hipoteca con un *amigo* para comprarse una casa en común. «Antes de que te la compres con alguien, te la compro yo», me dijo mi madre entendiendo que la compra suponía mucho más que eso.

Los amigos heteros no lo entienden del todo. Decir en tu casa que eres gay no es cuestión de valentía. Para hacerlo hay que anular primero lo más básico de toda la educación recibida, el peso de la religión, de la familia, del sentido de culpa, del pecado. No quieres hacer daño a los tuyos, no quieres violentar más la vida de tus padres, no quieres continuar en una lucha eterna y sin cuartel. Sobre todo porque no está claro que salgas bien parado. Ni tú ni ellos. Si, pese a todo, uno consigue superar todas las trabas, ya está hecho. Pero lo logran pocos. Algunos acudimos a terapias caras y largas donde te vacían por dentro y donde descubres aspectos que, la verdad, estaban casi mejor guardados en rincones. Mi psicóloga, Mirem, me dio la clave, después de años: ellos, tus padres, nunca van a pensar como tú quieres que piensen, y por tanto tu único objetivo es no sufrir. Qué bonito, ¿verdad? Gracias, Mirem. Ojalá te hubiese conocido antes.

Llegó mi primera historia de amor. Se llamaba Roberto. Me habría gustado poder contar que estaba perdidamente enamorado al calor de una comida familiar de las de siempre. Y después, cuando Roberto se largó con su profesor de inglés, también habría necesitado hablar de ello. Sólo obtuve consuelo de mi hermano mayor, a quien unos años antes le confesé que era gay. Estábamos en la habitación que compartíamos y, antes de apagar la luz, me decidí. No le dije que era gay, un término que apenas se usaba, que no estaba dentro de la jerga, que no tenía consistencia, que casi no significaba nada. Usé otra fórmula:

—Estoy saliendo con un chico.

Mi hermano, serio, formal, sensato, se quedó callado. Le pregunté qué le parecía.

—Me parece bien, no hay ningún problema, no te preocupes.

Tuve la certeza de que a partir de entonces siempre podría contar con Antonio. Que siempre estaría conmigo, sin preguntas, sin concesiones, sin advertencias. Sólo porque sí, porque éramos hermanos. Incluso Roberto y yo llegamos a compartir un piso con Antonio y su novia Blanca, cuando los cuatro éramos estudiantes y aún no nos habíamos marchado de casa. A ese mismo piso, y ya solo, llegué desolado una tarde para contarles que Roberto se había marchado. Y llorar largo rato.

Los dos fueron testigos de mis tumbos por ahí durante los años siguientes. Estaba triste, perdido, solo, maltrecho. Estuve cinco años sin follar porque no quería ver unos ojos azules ni una sonrisa que pertenecieran a otro que no fuera Roberto. Mi hermano y su novia me convencieron para que me comprara un piso en Madrid. La idea pretendía que me ilusionara en algo, que saliera del letargo en el que estaba sumido. Encontré una casa pequeña en la calle Reina, del barrio de Chueca, que me gustó e inicié los trámites para comprarla. Mis padres me ayudaron a pagar la entrada aunque el gesto me costó más de una bronca con mi padre. Durante varios meses, el proyecto unió a toda la familia. Todos, mi hermano, mi hermana, mis padres y yo estábamos igual de ilusionados con la casa. Pero una vez más sobrevino el chantaje emocional: nos implicamos contigo, te ayudamos económicamente, pero a cambio tú, hijo esquivo, aceptarás que tengamos llave, que podamos entrar y salir con naturalidad en tu nueva casa, a limpiar, a recoger la ropa sucia; y, por supuesto, sólo te marcharás a vivir allí cuando encuentres una mujer que te acompañe. Aunque no se verbalizara, en el trasfondo del asunto estaba esta idea. Una idea que me aterraba, claro, porque llevaba implícito todo lo que no quería. Que mis padres se inmiscuyeran en mi vida, en una vida, por cierto, que desconocían por completo, y con la que se quemarían si se acercaban.

El caso es que aquello, que podría haber sido un motivo de armonía, provocó el efecto contrario. Disputas airadas que se intensificaron con el tiempo y que culminaron en una más sonada el día que me independicé. Mi madre se encerró en su cuarto mientras yo hacía las maletas y no salió de allí hasta varios días después. Yo llamé a su puerta para decirle que me iba —era un gesto, simplemente, porque me marchaba apenas a 12 kilómetros de distancia— pero no me contestó. Pensé que sería una simple rabieta, como la de cualquier madre de cualquier hijo que se marcha de casa contra su voluntad, pero no. Sólo con el tiempo entendí que mi madre vio en aquella marcha algo más. Iba a vivir mi vida soñada, lejos de la vida impuesta hasta ese momento. Jamás volvió a pisar mi casa y nunca tuvieron una llave propia.

En ese piso de la calle Reina, que tenía una chimenea francesa en el salón, tuve mi primer polvo después de Roberto. Tras cinco años sin acostarme con nadie, esa noche me tiré a un japonés que había conocido en la Gran Vía. Hubo más, no sólo japoneses, claro. Pero tenía 30 años y estaba solo, me sentía solo. Sin pareja, sin una familia con la que contar, con un entorno en el que no todos *sabían*, y donde los que *sabían* no podían ayudar. Supongo que fue todo eso junto, y el peso del pasado, familiar, escolar, religioso, lo que me hizo tocar fondo. Regresé de un viaje a Tanzania y me hundí. Recuerdo la mañana en la que me desperté llorando, con una angustia que me bloqueaba. No quería ir a trabajar, ni ver a nadie. Pensé que me había equivocado en casi todo, incluso en mi condición sexual. Al fin y al cabo, mis relaciones con hombres habían sido un desastre —eso se piensa siempre cuando uno está jodido—, así que a lo mejor con las mujeres podía tener más suerte… Mis amigos se rieron de esta ocurrencia en una cena que organicé para contarles mis problemas. Les pedí ayuda desesperadamente, quise que me presentaran a otros homosexuales y que me acompañaran de vez en cuando a locales de ambiente. Y lo hicieron. Y de manera intensa. Mi «otra familia» me había salvado. Obtuve cierta calma vital, conocí a tipos más o menos interesantes y mi vida entró en otra buena racha. Cambié de trabajo, dejé la radio en la que había estado durante los últimos once años, y sobre todo maduré un poco.

Dos años después conocí a Mauro. Era artista plástico y amigo de Máximo, un colega de Telemadrid. Le perdí la pista y tuvieron que pasar dos años más para que volviéramos a encontrarnos. Máximo me había invitado a la inauguración de una exposición de Mauro y yo acudí con mi amiga Ana. Era el 2 de diciembre de 1996. Al despedirnos cuando acabó la fiesta noté algo extraño. Al día siguiente me llamó, me propuso quedar y yo le pregunté para qué. Me dijo que era una sorpresa y me desarmó. Quedamos en el Círculo de Bellas Artes; tenía unas entradas para el teatro, para una función de teatro independiente latinoamericano. La obra fue soporífera —como hubiera dicho mi amiga la Aladro, «el teatro está muerto»—, pero la cita no la olvidaré.

Al salir me invitó a su casa, yo le dije que tenía un compromiso y me marché sin más. Lo que me hizo escapar fue reconocer en Mauro la mirada azul y la sonrisa limpia de Roberto. Pasaron varias semanas durante las que Mauro me llamó todos los días con una u otra excusa. En Nochevieja organizó una cena en su casa y me invitó. Todos sus amigos estaban allí, al tanto de las pretensiones de Mauro hacia mí, y esperaban que yo «cayera» esa noche. Pero no. De nuevo salí corriendo.

Desde casa, ya más tranquilo, le llamé varias horas después. Quería que supiera que yo también sentía algo por él aunque hubiera huido dos veces seguidas. Le dije que no estaba dispuesto a ser una aventura, que ya había tenido ración de tonterías para una larga temporada, y que si deseaba de mí algo más que una tarde de lujuria, podríamos volver a vernos. Él aceptó y una semana más tarde, la noche de Reyes, la pasamos en la cama.

Estuvimos juntos los siguientes ocho años, que fueron buenos, la verdad. Quizá los mejores de mi vida… O sin quizá, porque me estoy muriendo…

Un tiempo después de que lo dejáramos, cuando ya no sentíamos lo que debíamos sentir el uno por el otro, supe que tenía sida. Le dije que se hiciera las pruebas, por si acaso. A él le dieron negativo. Y a mí… ya ves.

I

Las madres siempre lo saben

—Mira —le dijo—, las personas que guardan secretos durante mucho tiempo no siempre lo hacen por vergüenza o para protegerse a sí mismas, a veces es para proteger a otros, o para conservar amistades, o amores, o matrimonios, para hacer la vida más tolerable a sus hijos, o para restarles un miedo, ya se suelen tener bastantes. [...]. No contarlo es borrarlo un poco, olvidarlo un poco, negarlo, no contar su historia puede ser un pequeño favor que hacen al mundo.

JAVIER MARÍAS, *Corazón tan blanco*

Una frase recurrente entre los gays: «Mis padres no lo saben, aunque —matizan— una madre lo sabe siempre». Lo que no significa, ni de lejos, comprensión o entendimiento. A veces es todo lo contrario: como ellas se sienten responsables directas del «fracaso» de sus niños, por haberles mimado demasiado, y por tanto haberlos hecho frágiles, toda su amargura la dirigen hacia el hijo, y lo absorben a veces, lo presionan siempre, lo condicionan e incluso lo chantajean emocionalmente. Eso sí, de manera velada, sin que se sepa nunca el motivo real de tanto incordio, de tanta opresión. Luego hay historias dulces, que protagonizan algunas madres anómalas, que se deciden a volcar el amor en el hijo, sin estorbos, con relativa naturalidad. Los dos siguientes protagonistas sufrieron —y sufren— a una madre de las primeras. Sólo Julià, nuestra tercera historia, sigue teniendo a su madre como cómplice. De alguna manera suelen ser definitivas para el futuro emocional de los hijos, para lo bueno y para lo malo.

La historia de Mario

Nací en Guadalajara hace 45 años. Soy diseñador
gráfico y vivo en Madrid.

Leí en *El País* que un paciente del psiquiatra Aquilino Polaino aseguraba que durante la terapia para curarlo de la homosexualidad, exigió a sus padres que retiraran todos los espejos de la casa. Y me acordé de lo que a menudo me decía mi madre.

—No te mires tanto al espejo, hijo.

En su entorno, eso sólo estaba reservado a las mujeres. Los hombres no lo hacían, no se acicalaban, no pretendían estar atractivos. A ella eso le daba miedo y por eso repetía: «Este niño se está mirando siempre, vamos a quitar todos los espejos de la casa porque no deja de mirarse». Yo aprendí a hacerlo a hurtadillas, a solas, en el baño sobre todo. Creo que lo que quería era reconocer al que me miraba al otro lado, saber que era yo, un niño no demasiado agraciado en cualquier caso, que sabía de sus redondeces y sus cuatro ojos. Llevaba unas gafas de pasta, que eran más baratas que las de metal y que yo odiaba. Y esas gafas también salían en el espejo, en una imagen con la que nunca acabé de reconciliarme. Pero estas lucubraciones no las compartía con mi madre, desde luego. Así que ella sólo contemplaba a un niño quizá demasiado presumido para ser niño, que podría convertirse en alguien aún más diferente del que ya era.

La diferencia, lo que más le asustaba. A mí me gustaba mucho ver la tele, algo que podía hacer a solas, en casa, sin dar explicaciones, y que me acercaba a un mundo de ficción opuesto al mío. También me gustaba dibujar, y lo hacía bien, incluso gané algún concurso de pintura. Eso también podía hacerlo solo, y también en la mesa camilla del comedor de mi casa. Es decir, era diferente y siempre estaba solo. Mi madre llegó a hablar con otros niños del colegio para que me invitaran a salir con ellos, a sus cumpleaños, para que pudiera compartir sus juegos y tuviera amigos. Sólo quería que fuera como los demás. Con los años nada cambió. Ella seguía queriendo lo mismo, que fuera igual a todos, al resto de mis compañeros.

—¿No tienes novia? —me decía.

Siguió haciéndolo durante mucho tiempo. Al final la pregunta se convirtió en una amenaza.

—¿Y tú no te piensas casar nunca, Mario? Si sigues así te vas a quedar solo… —me decía sin mucha convicción.

En el fondo eso era lo que mi madre deseaba. No había tenido hijas, mi hermano mayor tenía novia desde hacía tiempo y planes para marcharse fuera por cuestiones de trabajo. Así que yo era lo único que le quedaba. Ella era más joven que mi padre, presuponía que él se moriría antes, y pensaba que yo la cuidaría si me quedaba soltero. Por eso creo que al final hizo oídos sordos a miles de destellos, como los espejos, que nunca quitó. O como mis extrañas idas y venidas.

Tal y como vaticinó mi madre, mi padre murió de un ataque al corazón unas Navidades. Mi hermano se marchó después del entierro a la ciudad de provincias donde vivía y mi madre y yo nos quedamos efectivamente solos. Ella no se metía en mis asuntos. Acataba en silencio mis ausencias de fin de semana, mis desapariciones a lugares de nadie y con nadie en concreto. Yo siempre regresaba los domingos poco antes de la hora de la comida. A veces salíamos a tomar el aperitivo. Ella se colgaba de mi brazo y no me preguntaba de dónde venía, ni qué había hecho, ni con quién había estado. Hablábamos de lugares comunes, del pasado, de asuntos domésticos, nunca demasiado íntimos ni demasiado intensos.

A veces pienso cómo fue posible que mi madre y yo viviéramos juntos, y pasaran los meses y los años, y las comidas a dos, y las tardes de tele, y las noches de invierno, y las Navidades, e incluso las vacaciones, y jamás ninguno de los dos tuviera el valor de contar, de sincerarse. Jamás un guiño, ni una necesidad de hablar con el corazón, ni una hendidura por la que pudiéramos colarnos para confesar o para preguntar quiénes éramos. Qué esperábamos del futuro. ¿Quién mentía más? ¿Ella, porque en el fondo sabía cuál era mi otra vida? ¿Yo, porque le ocultaba quién era durante mis ausencias?

En las charlas nunca salieron asuntos de amor. Ni ella me contó jamás nada relativo a su relación con mi padre, ni desde luego volvió a hacer mención a una hipotética novia. Alguna vez tuve la tentación de contarle la verdad. Sobre todo cuando me enamoraba de alguno de los hombres que conocía durante los fines de semana en mis visitas a las saunas de la ciudad. Me pasó cuando la historia con Javier empezó a cuajar. Al principio sólo nos veíamos los viernes y los sábados y él empezó a pedir más. Cuando una tarde me propuso que viviéramos juntos, yo visualicé la imagen de mi madre, a la que tendría que lanzarle a la cara, de una vez, la verdad, y le dije que no, que no podía ser. Deseaba irme con él, claro, pero el peso de todo lo demás era demasiado intenso, y a estas alturas de mi vida (muchos años en silencio, llevando una vida equivocada) pensaba que no iba a poder cambiar, que en realidad no merecía la pena el esfuerzo. Así que la historia de Javier se diluyó y yo seguí tomando el aperitivo con mi madre cada domingo, tras pasar noches entre el vapor de las saunas.

Creo que en el fondo mantenía la esperanza de que cuando mi madre ya no estuviera, y yo no tuviera que hacer frente a una confesión definitiva, alguien estaría esperándome, y que entonces, una vez liberado, podría tener una pareja a la que querer y que me quisiera. Yo me merecía una felicidad que nunca alcanzaba, ni de lejos. Mi madre, al fin y al cabo, y pese a que la relación con mi padre nunca fue próspera (era imposible con un hombre tan áspero como él), sí fue feliz durante el tiempo que pasamos juntos. No necesitaba más y yo nunca la contrarié; no hubiese soportado el peso de la verdad, así que nunca se la dije. Me pregunto qué habría pensado ella si hubiera visto en la tele la noticia de las primeras bodas gays y lesbianas. ¿Me habría mirado de reojo? ¿Habría querido ser la madrina de mi boda? En fin, con el carrerón sentimental que llevo, tampoco hace falta especular: de momento ningún hombre me ha pedido la mano.

¿Me quería mi madre? ¿La quería yo? Incluso hoy, tantos años después de su muerte, me lo pregunto a menudo. Cuando murió, después de una enfermedad larga y penosa durante la que estuve asistiéndola como un enfermero (una vez más, como ella había supuesto), me quedé solo. Vivo en la misma casa, la reformé un poco y la redecoré entera, y a veces echo de menos los paseos y las conversaciones insustanciales. Nunca apareció el hombre que me estaba destinado. En eso he tirado la toalla, aunque acabe de cumplir 50 años. Lo otro, el roce, el sexo, lo sigo buscando muchas noches.

La historia de Ángel

Nací en Madrid hace 40 años. Soy informático
y vivo en Londres.

Acabo de mudarme. Durante el traslado encontré las fotos en blanco y negro, tomadas a una cierta distancia, en las que se me ve abrazando con pasión a un tipo dentro de un coche. Se las encargó mi madre a un detective privado, tras una bronca en la que ella preguntaba como un estilete y yo me callaba. Parece ser que el investigador me siguió durante meses por todas partes y que encontró muchos y variados momentos dignos del dinero que mi madre iba a pagarle. Que no escatimó en gastos, según me dijo. Incomprensible, por cierto, con lo tacaña que era…

Yo debía tener unos 20 años. Mi padre era militar de alta graduación. Mi madre, ama de casa. Apenas nos relacionábamos. La disciplina había sido incuestionable en casa y con ello vivíamos. Sin aspavientos. Al menos al principio. Dejé la adolescencia y empecé a darles problemas. Solía salir a ligar al Barrio de Salamanca de Madrid, por eso todos mis novios tenían coches estupendos, lo que provocaba la envidia del resto de mis amigos que no se explicaban cómo lo conseguía. Para mí era sencillo. Paseaba, me paraba en los semáforos, frecuentaba el VIPS y las cafeterías de la zona, y como no estaba mal físicamente, al final siempre caía alguno. Todos tenían algo en común: olían bien, llevaban buenos trajes, eran «perfectos caballeros». Teníamos encuentros sexuales puntuales —la mayoría estaban casados, cómo no— y no querían saber nada de mí después de una noche o dos. Quizá yo sí habría querido algo más. Supongo que en el fondo lo que buscaba era amor, tras el sexo fugaz, dentro de uno de esos cochazos. Había desarrollado una gran habilidad para estos hallazgos —mis amigos me llamaban putón verbenero— y cada vez eran más frecuentes, incluso forjé cierta amistad con alguno de esos hombres.

Así que, claro, mi madre, como casi todas las madres de chicos gays, sospechaba… En aquella época, sin móviles, los amigos nos llamábamos a casa, y mi madre, extrañada de que yo nunca recibiera llamadas de chicas, me lo comentaba desconfiada. Un mal día decidió resolver sus dudas y contrató los servicios de un detective privado para confirmar o descartar sus sospechas. Tras varias semanas, el investigador le presentó las pruebas irrefutables (fotos incluidas) de que su hijo, ese niño que la miraba vestido de comunión todas las noches desde su mesilla, era homosexual. Mi madre me dijo:

—Te he puesto un detective y me ha dado esto.

Me mostró las fotos y me amenazó con enseñárselas a las familias de mis amigos (algunos de ellos aparecían en esas fotos) si no corregía mi actitud. Atónito, encontré en aquel momento el coraje suficiente para enfrentarme a mi madre por primera vez y contarle la verdad.

—Sí, soy homosexual, mamá, y mis amigos también. ¿Qué quieres hacer con estas fotos? ¿Y qué quieres que haga yo?

Mi madre gritó (no se entristeció, sólo se cabreó) y estuvo a punto de abofetearme por primera vez en mi vida. Fuera de sí, como jamás la había visto, me dijo las cosas más duras que me han dicho nunca. Hasta que se ablandó y empezó a decir esas típicas frases de estos casos. Lo sé porque se han repetido muchas veces en las casas de mis amigos.

—¿Por qué nos has hecho esto? ¿Qué te hemos hecho nosotros? ¿En qué nos hemos equivocado?

—Mamá, esto no tiene nada que ver con vosotros...

—¿No? ¿Cómo que no? ¿Y qué vamos a hacer ahora? Tú estás enfermo...

—No, no estoy enfermo, no se trata de ninguna enfermedad...

—Cállate, esto me pasa por no haberte parado los pies antes... Pero se acabó.

—¿Se acabó qué? ¿Qué vas a acabar, mamá?

—No me contestes, no sé cómo tienes tan poca vergüenza, con todo lo que tu padre y yo hemos hecho por ti. Seguro que han sido esos amigos tuyos los que te han metido todo eso en la cabeza.

—Mamá, por favor, no sigas por ahí. No tienes ni idea de lo que hablas...

—Lo único que te pido es que no se lo cuentes nunca a tu padre, y ya veremos cómo lo resolvemos.

Se lo prometí y nunca más volvimos a hablar del tema. Ella pasó página y con toda naturalidad retomó su vida de antes y su relación conmigo, que si hasta entonces había sido escueta, a partir de aquel momento se convirtió en anecdótica. Como si no hubiera existido el detective ni las pruebas de fuego.

Cuando les conté a mis amigos lo que había pasado y que en las fotos estaban casi todos ellos, todos temblaron. Empezaron a especular con la posibilidad de que mi madre fuera casa por casa mostrando las fotos a las madres respectivas. Se acojonaron, se rieron, se preguntaron dónde guardaría esas imágenes que nos comprometían, me instaron a que las buscara y las destruyera, o incluso a que se las trajera para que comprobaran en qué tipo de situaciones comprometidas nos habían pillado. Pero por encima de cualquier miedo estaba el mío: que las fotos pudieran caer en manos de mi padre, del hombre recto que mandaba en casa, del hombre con el que nunca había tenido cordialidad, ni amor filial, ni palabras de afecto. Pasadas unas semanas se las pedí a mi madre para evitar ese mal mayúsculo y ella me dijo que las había roto. Pero esa noche, mientras dormía, mi madre se deslizó en mi cuarto y me las puso debajo de la almohada.

Años después lo dejé todo, trabajo, casa, familia, y me marché a Londres a empezar de nuevo. Allí encontré a mi pareja actual, John, que jamás había tenido problemas con sus padres por ser homosexual. Otra cultura, otro país. Juntos montamos un negocio de ropa y compramos una casa en las afueras. Cinco años después mi familia acabó reconociendo a John como pareja de su hijo. Y mi madre y yo no volvimos a hablar de las fotos. Hace unos meses, durante la mudanza, cuando volví a encontrarlas me quedé perplejo. Se las enseñé a John y nos reímos observándolas. Yo tenía más pelo, estaba más flaco, la ropa quedaba anticuada. Pero la bomba que hay tras las imágenes sigue intacta hoy, en el 2009.

—¿Y cómo es que las has conservado todos estos años? —me preguntó John.

—Yo qué sé...

La historia de Julià

*Nací en Tarragona, tengo 20 años, me preparo
para ser educador especial y vivo en Barcelona.*

Todo el mundo decía que era bastante guapo. Que había salido a mi madre, de la que había heredado los rasgos dulces de
la cara y los ojos expresivos. De mi padre, sin duda, su complexión atlética. Una combinación perfecta que había hecho
de ellos una pareja envidiable, con un hijo mayor, que era yo,
que desde niño había despertado la admiración de todos. Está
feo que yo lo diga, pero lo cierto es que el físico siempre había
sido una ventaja para mí. Me parecía a mi madre también en
su carácter afable y cariñoso. Ella se sentía orgullosa de mí. Me
gustaba estudiar, jugar, y siempre estaba rodeado de gente. Así
transcurrieron mis primeros años de vida, en un pueblecito
pesquero de Tarragona. El paso a la adolescencia también fue
plácido. Las chicas se pegaban a mí como moscas y en poco
tiempo me convertí en el ídolo de todos los chicos de mi edad.
No sólo por los ligues. Mis habilidades deportivas también me
permitían liderar el grupo del colegio. Era una vida casi per-

fecta. Eso solía decir mi madre, cuando le daba gracias a Dios. Hacíamos muchas cosas juntos. La acompañaba de compras, a por zapatos sobre todo, que para ella eran algo así como una obsesión. Que por cierto también he heredado.

Cuando tuve que matricularme para estudiar COU, no sé por qué, hablé con mi madre de la posibilidad de hacerlo en un instituto de Barcelona. Ella se sorprendió de mi propuesta. Me preguntó los motivos y yo le contesté que quería acostumbrarme a la ciudad donde había decidido ir a la universidad para estudiar magisterio. Además estaban las Olimpiadas. Lo vio bien y, después de consultarlo con mi padre, ambos dieron el visto bueno.

Ese año fue definitivo. Me inscribieron en una residencia de estudiantes. Allí conocí a gente muy diferente de la que vivía en mi pueblo. Tenían mi edad aunque parecían mayores. Descubrí las diferentes pandillas que se habían organizado en el centro y cómo se relacionaban entre ellas. Al principio fui incluido en la de los novatos. En un par de meses ya había formado mi propio grupo de amigos y de nuevo volvía a ser el líder.

Un día, en el camino de vuelta a la residencia, un compañero del centro al que apenas conocía empezó a caminar a mi lado.

—Hola, me llamo Jordi, ¿y tú?

—Julià, ¿qué tal?

Estuvimos hablando durante horas, en el parque cercano a la residencia. Jordi no era muy guapo, pero tenía una mirada especial, un encanto especial. Durante la cena nos sentamos juntos en el comedor por primera vez y al acabar me invitó a su cuarto con un pretexto banal. Allí ocurrió lo que nunca me había imaginado que podía pasarme aunque lo hubiera deseado sin saberlo. Sigo sin poder explicarlo. Fue como un regalo. Un sueño. Jordi y yo nos hicimos inseparables a partir de entonces. Los fines de semana incluso empezó a venir a mi pueblo. Y mis padres estaban encantados con él. También empezamos a compartir las vacaciones. Y al final de curso se había convertido en uno más de la familia.

Un domingo que no estaba Jordi, mi madre entró en mi cuarto sin llamar, algo inusual en ella. Estaba muy sofocada y con voz entrecortada me dijo que tenía que preguntarme algo muy importante. Se sentó en mi cama y me explicó que una de sus mejores amigas le había preguntado si yo era gay.

—No... mi hijo no es gay... ha tenido novias —me contó que le dijo.

Tras una fuerte discusión con su amiga, ésta había intentado calmarla diciéndole que no era nada malo.

—Ya, ya sé que no es nada malo, pero mi hijo no es mariquita.

Su amiga argumentó que yo era tan guapo y tan diferente a los demás chicos que siempre había pensado que era gay. Además, desde hacía un año siempre estaba acompañado de mi amigo Jordi.

Mi madre me miró fijamente y me preguntó si tenía algo que contarle.

—Estoy aquí para lo que haga falta. No quiero que te molestes, sabes que eres lo que más quiero en el mundo. Y no sólo yo, también tu padre, pero necesito saber la verdad. Necesito que mi hijo me cuente la verdad. Te aseguro que nada va a cambiar entre nosotros. Pero siempre te he inculcado que es necesario, entre las personas que se quieren, ser absolutamente sinceros y por eso tenía que hacerte una pregunta personal, muy personal… No quiero que sufras, quiero que seas feliz, muy feliz, pero necesito que me digas la verdad…

Mi madre no paraba de llorar, me había cogido las manos y me las apretaba cada vez más fuerte. Yo estaba perplejo, desconcertado. Y tenía que decidir sobre la marcha lo que iba a contarle. Nunca había visto así a mi madre y por supuesto quería que todo eso acabara, que esta escena nunca se hubiera producido y que ella nunca pudiera sufrir por mí. No se lo merecía…

—Por favor, hijo mío, dime la verdad —continuaba diciendo.

Así que se la dije. Fue fácil, bastante más de lo que yo habría imaginado. Aunque después pasamos un tiempo extraño, sintiéndonos distantes el uno del otro. Aquello fue más doloroso que el tiempo de ocultaciones. Cuando ella no sabía nada y yo hacía mi vida, todo había sido más fluido. Desde aquel día en mi cuarto, a mi madre le costaba mirarme a los ojos y dejó de achucharme, por ejemplo. Ella, que era tan zalamera. Sé que se lo contó a mi padre porque ella misma me lo dijo, y mi padre no me montó ninguna escena; es decir, ni buena ni mala, siguió como si tal cosa. Era, es, un tipo muy íntegro, pero poco dado a verbalizar sus sentimientos, así que no me preguntó y yo tampoco le dije nada. Mi madre necesitó incluso una terapia. El médico de la familia le recomendó un psicólogo y estuvo yendo un tiempo. No me contó nunca qué le decía en las sesiones, pero poco a poco nos fuimos reencontrando.

Ahora se ha convertido incluso en una «defensora» de los derechos de los gays. De vez en cuando le oigo comentarios despectivos hacia los intolerantes. Hace unos años me pidió que la acompañara a la manifestación del día del Orgullo Gay, en Barcelona, en la que, por cierto, yo nunca había estado. Se emocionó, se divirtió. A mí me gustó mucho compartir aquello con ella. Doy clases en un colegio de Mataró, Jordi y yo hemos celebrado nuestros diez años juntos y no descartamos casarnos. El otro día se lo comenté a mi madre, y creo que ya está preparando el vestido. Y los zapatos, sobre todo los zapatos.

II

Los padres que no nos quieren

Es propio de hombres de cabezas medianas embestir contra todo lo que no les cabe en la cabeza.

ANTONIO MACHADO

La figura del padre siempre queda en un segundo plano frente a la madre omnipresente y perspicaz. Pero ellos pueden ser muy determinantes, letales a veces, como en las historias de Pedro y de Eduardo. Es complicado imaginar —sobre todo desde la perspectiva heterosexual— a un padre planteándole a uno disyuntivas tajantes que le den a elegir entre ser su hijo o no serlo. Parece imposible, pero sucede. Pedro ha recompuesto su vida pese a su padre; Eduardo también. Pero ambos asumieron una pérdida definitiva: su familia. Y estar sin lazos no siempre resulta fácil. Sé que es muy antiguo ese concepto de psiquiatría de «matar al padre», pero en estas historias se revela definitivo. Los motivos, eso sí, son poco consistentes, ridículos incluso: nadie puede dejar de ser quien es para poder ser el hijo de, para no desatarte de los vínculos. ¿Cambia las visiones de esos padres cerrados que exista una ley que apruebe el matrimonio? Querríamos pensar que sí, pero...

La historia de Pedro

Nací en la provincia de Ciudad Real hace 42 años.
Soy fotógrafo y vivo en Madrid.

He vuelto al pueblo de Ciudad Real en el que nací. He regresado a este lugar para un trabajo de encargo, que tiene mucho que ver con mi vida. Voy a hacer fotos repitiendo escenarios, con los mismos protagonistas, muchos años después. Tengo una foto de pequeño en esta plaza del pueblo, y a mis pies mis juguetes favoritos. Un galerista me propuso repetir esta misma imagen casi cuarenta años después. Yo no tenía claro que quisiera volver, pero reconozco que ha sido toda una terapia. A veces, para superar los traumas, uno ha de volver al lugar de los hechos, al lugar de la infancia, que no siempre son gratos, y revivir emociones, que no siempre fueron buenas. Aquí, en esta plaza, y en la subida de la ermita, y en el colegio, convertido hoy en unas oficinas bancarias, sufrí un acoso cruel, el de otros niños, que me machacaban sólo por ser el débil, el frágil, el diferente al resto. Visto hoy diría que fue por «mariquita», pero entonces yo no sabía nada de estas cosas ni de esos términos, que más tarde marcaron mi vida y la de toda mi familia. Pese a todo, creo que era feliz. Siempre solo, eso sí. Pero no me importaba demasiado. Tenía de cara algo vital, importantísimo: el amor incondicional de mi madre. Ella me quería por encima de todas las cosas y sabía manifestar ese amor total. Supongo que aquello me mantuvo a flote y consiguió que hoy sea lo que soy. A veces se preocupaba porque no tenía amigos, pero creo que veía que realmente no los necesitaba. Era autosuficiente. Lo sigo siendo. Para lo bueno y para lo malo.

En la adolescencia me fui a estudiar fuera del pueblo y ya no volví a vivir con mis padres de forma continua, por lo que permanecimos ajenos durante mucho tiempo. Pero a los 20 años mi madre enfermó y yo regresé para cuidarla durante su agonía, que duró muchos meses. Nunca me había preguntado por mi vida privada, y yo tenía una deuda pendiente con ella. Había llegado el momento de sincerarme y confesarle hacia dónde había dirigido mis afectos: que después de algunos intentos compartía mi vida con un joven mulato que me había devuelto la confianza en los seres humanos. Ella, muy debilitada por la enfermedad, me cogió la mano, cerró los ojos y esbozó una sonrisa en su rostro demacrado (ese rostro tan expresivo que yo había retratado tantas veces en mi bloc de dibujo cuando era niño). No dijo nada, y yo entendí que me daba su consentimiento, su aprobación y, como siempre, su amor incondicional. Me sentí relajado, como si me hubiera quitado un gran peso de encima. Tan relajado, que quise de inmediato compartirlo con el resto de mi familia, mis tres hermanas y mi padre.

Mis hermanas estaban recogiendo la mesa. Mi padre y yo, sentados tomando el café. Carraspeé y les dije lo que acababa de contarle a mi madre, que dormitaba en la habitación. Mis hermanas se quedaron paralizadas. Rosa sonrió forzada, Mayte hizo un gesto ambiguo y María miró a mi padre. Él no dijo nada, dio un golpe en la mesa y salió de la cocina. Seguí conversando con mis hermanas, que me preguntaron si tenía pareja, y el asunto quedó zanjado. Yo me quedé entre aliviado y contrariado por la reacción de mi padre. No se trata de que esperara algo concreto, no sé bien lo que esperaba. Pero había supuesto que quizá la situación de mi madre podría haber suavizado las cosas. Me equivoqué. Mi padre, tan mezquino como siempre, no me dio tregua ni con la agonía de mi madre. Esperó a que ella muriera para dejarme las cosas claras. Cuando volvimos del cementerio, tras el entierro, me pidió que le acompañara al patio de la casa. Yo, iluso, creí que podría haberse humanizado por la pérdida de su esposa, mi madre, y que íbamos a tener una insólita conversación entrañable, entre padre e hijo. Pero no.

—Ahora que tu madre se ha muerto, te exijo que dejes de ser maricón —me dijo.

—Eso no puede ser, papá, es…

—Pues o dejas de ser maricón o dejas de ser mi hijo.

No le contesté. Le dejé solo en el patio, me fui a mi habitación, hice las maletas, les dije adiós a mis hermanas y me marché. Hace veintidós años de aquello. No he vuelto a hablar con él, ni cuando surgieron problemas con el testamento, ni cuando nacieron mis sobrinos. Les dije a mis hermanas y al abogado que sólo quería quedarme con aquellos objetos personales que mi madre siempre había guardado como un pequeño tesoro en un baúl: su vestido de novia, unos pequeños pendientes de azabache y toda la colección de fotos en las que aparecíamos juntos, y que ella sacaba de vez en cuando de una caja preciosa de madera lacada.

Mis hermanas han intentado en varias ocasiones que me reconcilie con mi padre. La última hace unos años cuando empezaron las bodas gays. Ellas supusieron que quizá aquello variaría la visión de mi padre. Pero mi padre no ha cambiado. Y yo tampoco. Para ser sincero, nunca he necesitado su «comprensión». Siempre he creído que la figura de mi padre había sido innecesaria en mi vida. Nunca tuve nada que ver con él, ni con su familia. Siempre me sentí hijo de mi madre. Ella nunca consultó la más mínima decisión con él sobre mi educación o mi futuro. A lo mejor, también por eso, cuando mi madre murió, mi padre se vengó y zanjó las cosas para que yo desapareciera de su vida. El caso es que dejó de existir para mí ese día.

He acabado el encargo del galerista. Voy a dar un paseo hasta el cementerio para llevar lilas a la tumba de mi madre y me voy a mi casa. Vivo en Madrid, solo. De vez en cuando tengo algún idilio, poca cosa. ¿Y mi padre? Bueno, yo me considero simplemente un huérfano. Se puede vivir con eso.

La historia de Eduardo

Nací en León hace 29 años. Soy agente del Cuerpo
Nacional de Policía en Madrid.

Era mi cumpleaños, 18 años. Mi madre me había comprado como regalo unos gemelos de oro, algo que no se lleva ya, pero que mi madre conservaba como una tradición familiar. Seguro que le habían costado una fortuna que desde luego no se podía permitir. Pero me los compró. Según su máxima, cuando un joven se hacía hombre debía tener una joya de ese tipo para las ocasiones importantes, como símbolo. Era una tarde invernal, había nevado durante varios días y mi madre y yo estábamos solos en la salita, junto al brasero de picón. Su ilusión por mi mayoría de edad, por el regalo, por el día especial de mi aniversario, contrastaba con mis nervios; hacía tiempo que había decidido que al cumplir los 18 se iban a acabar para siempre las mentiras inmensas, los años de tristeza, la melancolía, las ocultaciones. Creía que la mayoría de edad me autorizaba a compartir con mi madre el más profundo secreto de mi vida. El que me había acompañado desde muy pequeño sin saber realmente de qué se trataba. El que me había alejado de todo el mundo. El que me había hecho profundamente infeliz. Un solitario desubicado, que sólo encontraba cobijo en la ternura de su madre. Era diferente, sí; era gay. Me gustaban los chicos, y necesitaba gritarlo a los cuatro vientos. Había llegado el momento de decírselo a la persona que más quería en el mundo, a mi madre; tenía que poder compartirlo con ella. Y desde luego debía hacerlo sin dañarla, sin provocarle ningún sufrimiento; ése era todo mi objetivo vital aquella tarde fría mientras ella me alargaba el paquetito con los gemelos. Lo abrí, le di las gracias llorando y la preparé para escucharme.

—Tengo que contarte algo muy importante, mamá, pero no quiero que te disgustes... y, sobre todo, no quiero que se lo digas a papá —empecé a decirle, jugueteando con los gemelos y sin mirarla a la cara.

Ella se quedó contrariada tras mi confesión. Supongo que nunca se imaginó que mi revelación de aquel cumpleaños iba a cambiar nuestras vidas para siempre. Le insistí en lo de mi padre, en que aquello debería ser nuestro secreto hasta que encontráramos el momento de contárselo. ¿Por qué me importaba tanto que aquello no lo supiera? Porque sabía que siempre responsabilizaría a mi madre de lo que para él iba a ser un tremendo desastre vital, como había hecho antes con cualquier adversidad familiar. Y no estaba dispuesto a darle más motivos para que machacara a mi madre.

Supongo que también influía saber que mi padre jamás iba a entenderlo, y que siempre iba a llevar aquello como una afrenta personal, que nunca podría perdonarme: tener un hijo «maricón» era el colmo de las desgracias para él.

Pero mi madre no pudo mantener aquello en secreto, la venció el desánimo, y horas después de la escena del brasero, cuando yo había salido a celebrar mi cumpleaños con los pocos amigos que tenía, se lo contó a mi padre.

Así que ese deseo de mandar a la mierda todos los miedos al cumplir los 18, tomar las riendas de mi vida y vivir con cierta normalidad, en familia, mi situación íntima se fue al traste. Al regresar por la noche, mis padres me estaban esperando. Lo primero que vi fue la cara de mi madre y supe que había roto el pacto. Lo segundo, la cólera de mi padre, que me dijo todo lo que nunca se le puede decir a nadie. Todas las palabras inventadas para dañar, para minar, para aniquilar el ánimo. No es que me sorprendiera, claro, no se trató de eso, pero me hirió profundamente pese a todo. Mi madre, en segundo plano, intentaba calmarlo, sollozaba, se apartaba, le pedía sosiego. Yo no decía nada. Intentaba transmitirle una pizca de burla, para protegerme, pero tampoco sabía bien cómo hacerlo. No tenía los recursos que tengo ahora, ni los argumentos, ni las convicciones. Sólo tenía miedo, y pena por haberlos defraudado, por no ser el hijo que ellos esperaban; por ser, quizá, todas aquellas cosas bárbaras que él estaba diciendo que era, fuera de sí.

Con el tiempo todo se fue diluyendo, aunque las sombras quedaron, y el ambiente era siempre frío, con brasero y todo.

Mi madre no volvió a hacer ningún comentario, mi padre me despreció más que nunca con las miradas y con los gestos, y yo, mal que bien, seguí haciendo la misma vida de siempre. Muchos de mis colegas me felicitaron por la osadía; ellos no habían sido capaces, y seguían aguantando comentarios sobre chicas más o menos convenientes para ennoviarse, sobre futuras bodas.

Un año después, otra conversación con mis padres supuso un nuevo cambio en nuestras vidas: había decidido hacerme policía. Sí, agente del Cuerpo Nacional de Policía. Se quedaron muy sorprendidos, sobre todo mi padre. No podía entender que un policía pudiera ser gay. Lo que no sabían era que la afición por los uniformes venía de lejos. De niño coleccionaba casi obsesivamente muñecos *madelman* y otros similares. Es curioso lo que leí hace poco: que esos muñecos no acabaron de triunfar en España porque tenían un amplio vestuario y, claro, los chicos no cambian la ropa a los muñecos. Eso sólo lo hacían las niñas con la Nancy. Y yo con los *madelman*.

El caso es que el interés por los uniformes fue creciendo y, claro, se fue centrando en los que cubrían cuerpos de verdad. Hombres que se vestían con diferentes trajes que a mis ojos les otorgaban una prestancia cautivadora y les dotaban de una autoridad casi hipnótica para mí. Bomberos, azafatos, médicos y, por encima de todo, los *maderos*. Yo quería ser uno de ellos, aunque fuera gay.

Después de la primera reacción de contrariedad, mi padre esbozó una pequeña sonrisa y dijo:

—Bueno, por lo menos así a lo mejor dejas de ser maricón.

Una ilusión, claro, en la que confió durante mucho tiempo. Lo que él no podía entender era que «maricones» hay en todos los sitios. También aquí, desde luego, entre los agentes del orden. Yo ya lo había comprobado en algunos escarceos sexuales a lo largo de mi vida, aunque la verdadera revelación llegó con mi entrada en la academia, hasta que me licencié y tuve por fin la placa. Había gays, lesbianas, que fueron apareciendo a mi alrededor. Nunca tuvimos problemas importantes por serlo. Sólo algunos compañeros se negaron a patrullar a mi lado, y algún jefe que otro hacía de vez en cuando comentarios homófobos. Pero nada más. Cuando me aceptaron en la academia decidí que nunca iba a volver a ocultar mi sexualidad. Mis dieciocho años anteriores habían sido suficientes. Se había acabado para siempre la doble vida, la doble personalidad, el miedo permanente y la tristeza profunda que todo eso producía. Pasara lo que pasara, no estaba dispuesto a dar un paso atrás. No me puse un cartel de «soy maricón», pero casi: decidí llevar un anillo con la bandera del arco iris que me había comprado hacía unos meses en una pequeña tienda del barrio de Chueca. Era una joya de bisutería, discreta pero lo bastante evidente como para dejar claras las cosas desde un principio. Me dio tan buenos resultados —como si fuera un amuleto de la buena suerte—, que varios años después, y cuando me dieron mi primera arma reglamentaria, pegué la misma bandera en un lateral de la culata.

Casualmente estoy destinado en la comisaría de Centro, en Madrid, y la mayoría de los días patrullo por Chueca y soy feliz. Mi padre ha desistido de que por ser policía vaya a dejar de ser gay. Nunca me lo ha perdonado, y nunca ha vuelto a ser la misma persona. La última vez que hablé con él, el día que leyó en una revista que el presentador de televisión Jesús Vázquez se había casado con su novio, una atrocidad a sus ojos, claro, me dijo:

—Puedes hacer lo que te salga de las pelotas, ya eres mayorcito, pero aquí en mi casa, has oído bien, en mi casa, jamás entrará otro maricón como tú.

Así que a mis novios ocasionales nunca los llevo a casa. Y si algún día tengo una pareja seria, tampoco vendrá a las celebraciones familiares. Sigo volviendo a casa por mi madre. Cuando ella muera, mi padre no tendrá que volver a preocuparse por los gays que puedan entrar en su hogar. Yo no pienso regresar.

III

Los que comparten tu habitación

Los espejos pueden hacernos románticos y ése es
su secreto. ¡Qué tortura sutil sería destruir todos
los espejos del mundo! ¿Dónde buscaríamos
entonces la confirmación de nuestra identidad?

TRUMAN CAPOTE, *Otras voces, otros ámbitos*

Pueden ser cómplices, aliados, desconocidos. Pueden serlo todo o nada. Pueden ayudarte o joderte más la vida. Tus padres los pueden poner como ejemplo de lo que tú deberías ser y nunca serás. Pero también pueden servirte de puente, el que te puede conducir hacia el entendimiento con los tuyos. Tus hermanos pueden hablar bien de ti, entender lo que pasa o ponerse en el bando contrario. Pueden ser fieros, chantajistas o funcionar como un bálsamo. A veces se comparte la habitación con ellos, son más próximos incluso que tus padres. Has compartido también juegos, por edad, colegio, amigos. Y eso puede ser maravilloso para ti, o todo lo contrario. Con algunos no hace falta verbalizar que eres gay, siempre lo saben. Con otros es mejor no hacerlo si no quieres dirigirte a un nuevo desastre íntimo. Y hay otros que empiezan mal, sin saber cómo actuar, ni qué hacer ante lo que les llega de tu boca, y de pronto se rebelan como el gran compañero, como una ayuda fundamental en el viaje que has emprendido. Las historias fraternales de Álex, Marcos y Esteban son mucho más que un juego de niños.

La historia de Álex

*Nací en un pueblo del extrarradio madrileño
donde sigo viviendo con mis padres. Tengo 20 años
y estoy estudiando magisterio.*

Acabo de cumplir los 18. Recuerdo, hace un par de años, el día en el que mi hermano mayor me pilló enganchado a internet con unos tíos en pelotas… bueno, más exactamente, dándose por culo. Mi hermano me dijo:

—Maricón de mierda, ¿qué es esto? ¡Qué asco! ¡Pero si se lo está follando!… Te vas a enterar, se lo voy a contar a todo el mundo, a los amigos del barrio y a los papás…

Yo no sabía dónde meterme, ni qué hacer. Había descubierto hacía tiempo estas y otras páginas donde podía disfrutar de un mundo hasta ahora soñado pero desconocido. Había empezado a chatear con otros chicos que, como yo, acababan de descubrir su sexualidad. Y era la hostia. Incluso me había llegado a enamorar. Sí, a enamorar. Se llamaba Toni, y aseguraba ser el verdadero príncipe azul, que tantas veces me había imaginado que me sacaría de aquí, de este pueblo gris del cinturón industrial de Madrid. Al poco tiempo, internet me descubrió al verdadero Toni, un garrulo, que no tenía el cuerpo ni la sensibilidad de Nacho Duato. Me había engañado como a un pardillo, pero había valido la pena. ¡La de pajas que me hice pensando en una noche loca, loca, con esta historia…!

Pese a todo, mi interés por internet no cesó. Seguí y me sirvió incluso para que mis padres creyeran que el día de mañana podrían tener un informático en la familia, con el futuro laboral asegurado. Pobres papá y mamá, si supieran la de cosas que yo he aprendido sobre esos cuerpazos de gimnasio de todo el mundo…

Pobre papá, él que siempre se consideraba un machote por haber engendrado a dos chicazos a pesar de que mamá siempre quiso a una niña para poder vestirla como a una muñeca. Pobre papá, pensaba, el día que se entere… Y pobre mamá, no se imaginaba que sus deseos casi iban a convertirse en realidad. Una niña no, pero un proyecto más refinado de hijo sí, sobre todo por los gustos. Siempre creí que las madres «lo saben», eso me habían dicho, pero la mía, estaba seguro, se iba a quedar helada aunque se lo imaginara. Y muy preocupada por la reacción de mi padre.

Siempre había imaginado que las cosas podrían ser de otra manera, más sencillas, pero lo cierto es que no sabía cómo enfrentarme a esto. Y encima estaba lo del hijo de puta de mi hermano. Había sido un idiota por dejarme pillar por él, había sido un fallo imperdonable… Aunque, visto de otro modo, al final, incluso me había hecho un favor. Tenía que enfrentarme a ellos y que saliera el sol por donde quisiera… No tenía mucho tiempo para pensármelo, así que iba a ser mejor que aprovechara la comida del domingo, cuando mi hermano se iba al entrenamiento de su equipo de fútbol y yo me quedaba solo con mis padres.

Mi madre había preparado mi plato preferido, arroz con pollo. La tele estaba puesta y la sintonía del programa de TVE *Corazón, corazón* servía de música de fondo a nuestra escasa conversación. Hasta que se hizo un silencio.

—Mamá, papá, soy gay, me gustan los chicos —solté de pronto.

Sus caras no reaccionaron al mazazo. El vacío duró unos segundos que a mí me parecieron eternos… No sabía qué pensar, si el mundo se acabaría o si iba a empezar una nueva vida para mí. Mis padres se miraron. Mi padre a duras penas pudo articular unas frases.

—… ¿Te has vuelto loco? ¿Estás gilipollas? No digas tonterías…

Mi madre, perpleja, me preguntó si estaba bien, si quería hablar del tema. Yo, un poco más relajado, volví a repetir lo mismo.

—Mamá, papá, soy gay, me gustan los…

Esta vez mi padre no me dejó acabar la frase, se levantó de la mesa violentamente, la silla se cayó al suelo, y salió del comedor sin decir nada. Mi madre y yo nos quedamos solos…

—Mamá, estoy bien, no te preocupes, tenía que decíroslo, creo que es lo mejor. No es nada malo, hay muchos como yo y sólo quiero que me sigas queriendo como hasta ahora. Díselo a papá… No tenéis que avergonzaros de mí… Mamá, no llores… Tú lo sabías, yo no soy como mi hermano… No llores, por favor, de verdad, yo te quiero, os quiero a los dos y a mi hermano también, aunque sea un cabrón y me haya amenazado con deciros que miro a tíos en pelotas en internet… No llores, de verdad, yo te quiero, mamá… Por favor, dime que me quieres, soy tu hijo, dime que me quieres. Para de llorar, venga, dime algo, abrázame mamá, te quiero, te quiero…

Han pasado dos años. Y durante este tiempo, ¿quién me ha puteado más? ¿Quién sigue llamándome maricón y haciendo bromas de mal gusto a espaldas de mis padres? ¿Quién se avergüenza de mí ante sus amigos? Mi hermano mayor, que ya tiene 22 años y que sigue siendo un crío para algunas cosas. Ese machito que quería mi padre y que hace unos meses me dijo que por favor no le contara a su nueva novia, con la que dice que va en serio, que soy gay. Yo, a pesar de mi hermano, estoy contento de habérselo contado a mis padres. A veces, si estamos viendo *Anatomía de Grey* hago comentarios sobre lo bueno que está el protagonista. Y mis padres sonríen y no dicen nada. Ahora, si mi hermano está delante, siempre acaba diciendo alguna gilipollez sobre mis gustos.

La historia de Marcos

*Nací en un pueblo pequeño de Córdoba. Tengo 23 años
y trabajo en un banco como economista en Barcelona.*

Peinando ponis. Dice mi hermano Javi que recuerda esa imagen mía. Yo cepillando con deleite la larga cabellera de colores de los caballitos que nos habían regalado en un cumpleaños.

—Peinabas a los ponis, de verdad —me cuenta siempre, jocoso.

Adoro a mis hermanos, a Javi y a Nacho, el pequeño. Cuando anuncié a mis padres que era gay, casi por casualidad, mi hermano me dijo que él siempre lo había sabido.

—Por lo de los ponis, ¿eh?

Acababa de cumplir 20 años y estaba estudiando la carrera. Yo tenía una buena relación con mis padres basada en la confianza, aunque nunca, claro, les había contado mis deseos sexuales. Como era muy tímido, había llegado bastante tarde al sexo, aunque siempre supe que había algo ¿diferente? entre mis gustos y lo establecido. No necesitaba mentir: 20 años y una sola aventura amorosa, si podía llamarse así a «aquello» que pasó. Para mis padres yo era un hijo modélico, formal, aplicado, y nunca sospecharon de mí.

Una tarde, durante las vacaciones de verano en la casa familiar, mi padre me dio una palmada en la espalda y me dijo:

—¿Y tú de chavalas cómo vas? Algún día te tendrás que echar una novieta…

Mi madre había preparado la merienda —magdalenas caseras que se hacían tradicionalmente en el pueblo— que nos estábamos tomando en el patio a la sombra de la parra. Era una escena tan doméstica, tan habitual, que creo que por eso le contesté con naturalidad:

—Bueno, papá, yo creo que de novias no vamos a hablar mucho, porque a mí lo que me gustan son los chicos.

La cara de mi padre cambió por completo. Miró a mi madre, a la que también se le había congelado el gesto. Los únicos que reaccionaron fueron mis dos hermanos, que se dieron cuenta a la primera de que aquellas palabras iban a revolucionar no sólo la merienda, sino nuestra casa entera. Mi madre tomó las riendas y les pidió a mis hermanos que se metieran en la casa. Yo la interrumpí y le dije que no era necesario, que lo que tenía que contar también lo podían escuchar ellos, que no era nada malo.

Mi padre, recompuesto un poco, intentó tomar la palabra pero no le dejé: era importante para mí lo que les había anunciado, y necesitaba hablarlo más largamente.

—Desde hace algunos años sé que me gustan los hombres. No se puede decir que haya tenido relaciones sexuales con nadie, pero creo que ya va siendo hora. Vosotros siempre nos habéis enseñado que todos somos iguales, que no se puede discriminar a nadie por su raza, su religión o su sexualidad. Bueno, pues éste es un buen momento para que todos pongamos en práctica esos principios. Creo que soy un buen hijo y un buen hermano. Creo que soy una buena persona, tal y como me habéis educado. Ha llegado el momento de que empiece a vivir mi propia vida, y la vida que he elegido es ésta. Quiero contar con vosotros para empezar a vivir de verdad una vida feliz y poder formar una pareja como la vuestra. Y además necesito ayuda, creo que a mi edad ya voy con retraso.

Mis hermanos, que hasta ese momento habían permanecido callados, estallaron en carcajadas, lo que deshizo la tensión con la que todos me escuchaban. Mis padres se miraron. Estaban llorosos. Me dijeron que no se esperaban una cosa así, pero que podía contar con ellos, que estaban orgullosos de mí y que por supuesto me querían por encima de todo. Que yo era su hijo y lo seguiría siendo fuera como fuera.

Estuvimos hablando varias horas. Lloramos más, nos reímos, nos abrazamos y mi madre prometió que seguiríamos siendo una familia. Mi hermano Javi, cómo no, contribuyó como ninguno a relajar el ambiente, que pese al buen tono tenía un punto serio. Me preguntó a bocajarro si era verdad eso de que nunca me había acostado con otros chicos. Me sorprendió la pregunta, y balbuceé, así que él arremetió con gracia.

—Mi colega Juanjo me contó una vez que habíais tenido un rollito...

—¡Qué cabrón! ¿Y no me dijiste nada?

—Uf, no sabía muy bien cómo, la verdad.

Tuve que reconocerlo, claro, con cierto sonrojo —¡mis padres acababan de enterarse!—, y eso abrió la veda para seguir hablando de cómo iban a ser las cosas a partir de entonces. Después de aquella tarde pensé que ojalá lo hubiera hecho mucho antes, lo de confesar mi homosexualidad. Me habría evitado algunos malos ratos. Cuando se acabaron las vacaciones y volví a Córdoba noté que estaba más contento, más seguro que nunca. No sé si fue por aquella confesión familiar o qué, pero el caso es que a partir de aquel momento, ya con todo a mi favor, me resarcí del retraso sexual. A veces hablo de todo esto con mi amigo Alberto, con el que tuve un rollo. Él lo tiene muy jodido porque sus padres son bastante carcas, pero yo le animo a que lo hable.

—Tú tienes mucha suerte porque tus padres son médicos y están muy avanzados, pero si se lo digo a los míos mi padre me da dos hostias seguro. Y mi hermano, que tú también tienes una potra con los tuyos que no veas... —me dice siempre.

—Ya, pero deberías intentarlo, de verdad, te quitas un peso de encima. Y a lo mejor te sorprende su reacción —le contesto.

—Sí, a lo mejor en lugar de dos hostias me da tres...

—Que no, joder, que estamos en el siglo veintiuno...

—Si hubieras oído a mi padre y a mi hermano el día que se aprobó la ley del matrimonio, verías...

—No sé, Alberto, si no te compensa, déjalo como está, claro...

—Pues eso hago.

La historia de Esteban

Nací en Salamanca hace 37 años (aunque he vivido en todas partes). Tengo una empresa de paisajismo en Alicante.

Cuando le conté a mi hermano aquella anécdota del colegio y lo que había supuesto, no entendió nada.

—No me lo explico. No me parece que algo así, un acto tan trivial, pueda marcarte toda la vida. Pueda hacerte descubrir que eres gay, la verdad.

Intenté aclarárselo. Estás perdido, no sabes quién eres, te sientes distinto al resto y de golpe encuentras algo que te atrae, que te da miedo. Y descubres que lo que ese instante te provoca —compartir vestuario con el profesor de gimnasia y ver cómo saca su ropa de la bolsa y se cambia los vaqueros por el pantalón corto, ver cómo se ata las zapatillas— no tiene nada que ver con lo que le provoca a tus compañeros. De pronto te identificas con tu sexualidad, de la que sólo sabes que está prohibida, que es pecado, que no puedes demostrarla ni manifestarte. Y, sobre todo, silencio total en todas partes, y desde luego en casa.

Yo era un niño tímido, extremadamente tímido, y diferente, claro. Mi padre era funcionario de prisiones y los traslados familiares de destino en destino eran frecuentes: escuelas nuevas, niños nuevos, tiranías nuevas. Según mi hermano, él también sufría todo eso, pero no le marcó el resto de su vida. Él extrajo cosas positivas, le hizo incluso más abierto, más dicharachero.

—Claro, para ti fue todo más sencillo. Las mentiras que tú decías, por ejemplo, comparadas con las mías, eran tonterías, niñerías, bobadas. Y tú podías ser inocente de verdad.

—Ya... bueno, pero...

—Tú tenías todo a tu favor: la tele, el colegio, los libros. Pero yo no. No tenía referentes.

Y no saber quién eres, ni lo que eres, no tener nada en lo que fijarte, nadie igual que tú a quien te parezcas, no estar a gusto contigo, con tus sentimientos, ni con tu entorno, ni con los tuyos, no identificarte con nada... es estar condenado al vacío. El cine y la literatura podrían haber optado más veces por contar en abierto y con franqueza estos amores gays. Habríamos ganado todos con ello. Porque el caso es que esos amores existen, han existido, con todas las miserias y las sutilezas, y con todas las cargas emocionales que uno pueda imaginar. Tras esos amores hay personas de carne y hueso que no sólo han sufrido por amor (algo habitual), sino también por la falta de afecto, por la intolerancia, por la indiferencia, por la ignorancia, por la deseducación, por los estragos de las malas miradas y los malos pensamientos.

—Es para volverse loco, ya me lo imagino —dijo mi hermano.

Estuvimos hablando toda la tarde en la conversación más íntima y más sincera que habíamos tenido jamás. Yo a duras penas le pude explicar el porqué de tantas cosas, de tantas fallas en mi carácter. Lo que suponía vivir en un enfrentamiento permanente con lo que tu cultura, tu entorno, tu religión te dicen que tienes que sentir, que pensar, que desear. Y ser lo opuesto a lo que te están diciendo. Tú eres un hombre que tiene que sentir y desear de una manera determinada y eso en ti no se produce, es todo lo contrario, y eso te hace estar permanentemente en el vacío. Una sensación que no te deja pensar, ni analizar nada. No sabes qué te pasa, pero te pasa algo. Estás desubicado, solo, terriblemente solo, en una soledad que no reconforta, porque la persona con la que estás a solas, que eres tú, no sabes quién es. No tienes respuestas y no lo puedes comentar con nadie. Es un camino sin salida. Mientras tanto, de los más próximos, que son tus padres, no encuentras ni un ápice de solidaridad, sólo hostigamiento: por qué no haces tal cosa, por qué fracasas en los estudios, por qué no sales, por qué te miras al espejo, por qué no tienes novia, por qué no eres como todos los demás… Esa situación puede llevarte al suicidio. El miedo, la angustia, la soledad y la culpa no te dejan nunca.

—Ahora empiezo a entender muchas cosas. Lo que no sé es cómo lo hiciste, sin ayuda de nadie.

—Bueno, supe que me debería buscar la vida fuera de casa, de la familia.

—Por eso eres tan independiente…

—Sí, algo que mamá siempre me echa en cara. Por eso no

me comunico bien con vosotros. Cuando descubrí que era gay, tuve claro que papá y mamá e incluso tú no ibais a entenderlo.

—Nunca intentaste decirlo.

—¿Cómo? Bastante tenía con mi cabeza, que no paraba. Yo no quería que nadie sufriera, y esto iba a dañaros a todos si os lo contaba.

—A mí no me habría molestado.

—Lo dices ahora, que eres mayor. En su momento sí, seguro que sí.

Casi todos los gays que hoy tenemos alrededor de 40 años fuimos adolescentes infelices, cumplimos los 15 jodidos y tardamos bastante en organizarnos por dentro. Tuvimos los mismos miedos, el mismo caos, las mismas íntimas tragedias, los mismos desajustes. Pero no todos somos capaces de recordar con claridad aquellos tiempos de desazón y reconocerlo.

IV

Lo que los curas dicen en misa

Los homosexuales son personas que no deben estar en el mundo y deberían quitarse de en medio. No deben entrar en el reino de Dios porque son viciosos y mala gente.

Sermón del párroco PEDRO CAMACHO
durante la misa que celebró en
Sangonera la Verde, Murcia,
en junio de 2006

Si hay algo castrante en todo este asunto es la religión y toda su parafernalia. Y lo es no sólo para los homosexuales sino también para las familias enteras. Una madre cualquiera, por ejemplo, a la que su hijo gay intenta convencer de la normalidad de su vida, de su manera de sentir, podría llegar a entenderlo si se abstrajera del entorno. Pero esa misma madre es creyente, va a misa los domingos y allí escucha otra versión, menos dulce, más árida, de lo que es su hijo: está en pecado y punto. ¿Quién, si no está muy avanzado emocional e intelectualmente, puede distinguir ambas versiones y quedarse con una? Entre casi todas las historias de los gays de más de 40 años hay alguna mención, a veces mínima, a las injerencias que en las vidas familiares ha tenido la Iglesia, el cura del pueblo, los entornos, los ritos, los comentarios. Es cierto que el peso de la religión es monumental para todos, pero aquí, como siempre, hay un plus. Jorge y Enrique, cada uno por su lado, con dramas distintos, nos contaron su historia. Pero sin duda es Pepe el gran perdedor de toda esta sinrazón.

La historia de Jorge

Nací en Albacete hace 41 años. Soy profesor de filosofía
en un instituto de Valencia.

En el colegio de La Salle, en el confesionario, le decía al cura la retahíla de pecados menores que había cometido durante la semana. Cuando no tenía ninguno que confesar, me los inventaba: he mentido a mis padres, he reñido con mi hermano, he contestado mal, he dicho palabrotas…, pero nunca le decía lo que, incluso en mi mente, era de verdad pecado. Nunca palabras como «me gustan otros chicos». He descubierto que nadie de mi generación lo hacía, incluso los más católicos, los más crédulos, los menos sibilinos. Todos, por inocentes que fueran, sabían que si había un pecado mortal, de imposible perdón, era el que cometían en el internado, o en los vestuarios, o en cualquier rincón. Y que ese pecado no había que nombrarlo en ninguna parte. Ni siquiera si eran los propios sacerdotes los que «jugaban»…

Cuando fui consciente de que la religión iba a seguir machacándome el resto de mi vida, dejé de dar catequesis, me fui de la parroquia y nunca más volví a ser practicante ni creyente. Lo decidí un domingo por la mañana cuando uno de los niños del grupo al que yo enseñaba me hizo una pregunta trascendente sobre la fe. No recuerdo cuál fue, pero sé que no pude contestarle. Era el chaval más avispado de la clase. ¿En qué me ayudaba a mí la religión? ¿Qué les estaba diciendo a aquellos niños? ¿Que el dogma condenaba a gente como yo? ¿O al padre de alguno de ellos? ¿O al cura que daba misa? ¿De qué servía tener fe, creer que había que hacer el bien, que había alguien superior que iba a confortarte y que resolvería todos tus problemas? No servía de nada, porque no era cierto. Yo era un ejemplo perfecto de que ni Dios ni nadie de los suyos podía tolerar la vida que llevaba y que quería seguir llevando.

La religión te anula las ganas de ser feliz. Viene a decirte que si te sales de la norma estás haciendo algo malo, que con esta vida que tú has elegido (porque puedes creer que realmente es algo que puedes elegir y no algo natural) dañas a los demás, a tus padres, a tu familia, que les traicionas al no ser como a ellos les gustaría que fueses. Tu camino individual a la contra les hace daño y por tanto no tienes derecho a la felicidad. El sentimiento de pecado es frustrante porque nunca te puedes confesar de lo que piensas, de lo que deseas, de lo que sientes; ni siquiera tienes esa opción que posee el resto con sus otros malos pensamientos. A mí me daba miedo estar constantemente en pecado. No podía «sentir» con tranquilidad. Y yo había buscado la religión para no seguir teniendo miedo, para dejar de ser diferente.

La decisión de apartarme, de dejar de ir a misa los domingos y abandonar mis obligaciones en la parroquia supuso otro motivo de discordia con mis padres. Uno más, por otra parte. Se acabó la imagen supuestamente idílica, pero irreal del todo, de la familia entera unida compartiendo un mismo banco en la iglesia, como si con ello sintiéramos de verdad la misma fe o tuviéramos las mismas consideraciones morales. Todo había sido mentira, al menos para mí, y yo sólo me limité a dejar que la mentira se hiciera pedazos.

A lo largo de toda mi vida ésta fue la única determinación que tomé respecto a mi identidad. Nada más, nunca más. Lo único con coraje que decidí yo solo, a una edad temprana, fue apartarme de aquello. Nunca más he vuelto a enfrentarme con mis padres, sólo aquella vez en la que comuniqué mi decisión de no volver a misa con ellos. ¿Por qué no seguí con las consecuentes decisiones vitales? ¿Por qué no aproveché aquella salida hacia delante para continuar un camino, el único camino posible en la vida de uno, el de ser uno, y no dos, el de ser fiel a uno, y no al resto, el de no ocultarse siempre? No lo sé, supongo que una parte de mí había quedado anulada al dejar de tener fe o simplemente siempre había sido un cobarde. El caso es que dejé de ir a misa, pero nada más.

Las conversaciones familiares siguieron siendo las mismas. Me pasé años esquivando preguntas sobre futuros compromisos sentimentales, y jamás dejé entrever que había algo extraño en mí. Creo que mis padres siguen pensando que me he quedado soltero porque soy demasiado exigente, demasiado exquisito, como siempre explica mi madre cuando alguien le pregunta si me casé o no. Ella quizá lo haya pensado alguna vez, pero si lo ha hecho, seguro que enseguida lo ha apartado de su cabeza. Mi padre ni eso. Él sigue comentando conmigo los resultados de su equipo los domingos, pensando que me gusta el fútbol, y dando por hecho que en el fondo soy afortunado porque al estar solo, sin ataduras, puedo disfrutar de la vida e irme de picos pardos continuamente. En fin.

La historia de Pepe

Nací en un pueblo de la serranía de Málaga hace 50 años.
Soy sacerdote. No quiero decir dónde ejerzo.

Ésta va a parecer una típica historia: una madre castrante, asfixiante, absorbente, que maneja a su antojo al hijo débil. Típica, quizá, pero muy real. Nací en un pueblo de la serranía de Málaga hace 50 años. Era hijo único. Mi padre murió de un ataque al corazón cuando yo tenía 5 años. Mi madre, doña Remedios, se puso de luto ese día y nunca se lo quitó. Ella y yo nos quedamos solos en una casa enorme del centro del pueblo, con un patio al que tuve prohibido salir a jugar durante mucho tiempo tras la muerte de mi padre. Doña Remedios se volcó en la iglesia y mantuvo siempre una fe exacerbada. Llegó a prometer al Cristo de los Gitanos que su hijo, yo, se dedicaría al sacerdocio.

Mis compañeros de colegio nunca visitaban la casa y yo jamás participaba de los juegos colectivos. De la escuela directamente a mi casa, a mi cuarto. Mi madre me convirtió en un niño frágil, inseguro, dependiente. Cortó las relaciones con sus cuñados, que le advirtieron de lo peligroso que era educarme así, para mi futuro, y a los que ella, por supuesto, hizo caso omiso. Todos los días, cuando acababa los deberes, y antes de cenar, los dos juntos acudíamos al cementerio, a visitar la tumba del marido, de mi padre, y al regresar entrábamos un momento en la iglesia. Mi madre se arrodillaba y me animaba a hacer lo mismo. Allí estábamos un rato que a mí se me hacía interminable, y durante el cual mi madre rezaba y yo me evadía pensando en mis cosas. Luego, ante un gesto de mi madre, nos santiguábamos y volvíamos a casa. Yo nunca rezaba.

Cuando acabé los estudios primarios ingresé en el seminario. Sucedió casi de una manera natural, creo que mi madre lo había marcado en mi destino desde hacía años, y yo, como siempre, me dejé llevar. Allí tuve mis primeros juegos sexuales con un compañero mayor que yo. Aquello no me sorprendió, supongo que siempre había deseado que ocurriera, aun sin saber qué era lo que deseaba con certeza. Hubo otros muchos, con otros tantos. Pronto tuve claro que ése era el lugar más seguro para seguir viviendo: lejos de mi madre, con jóvenes como yo y pudiendo llevar una doble vida sin que lo pareciera.

Me ordené sacerdote. Todavía ejerzo. De ambas cosas: de cura y de gay, claro. Nos vamos encontrando. Como intuí enseguida, este lugar, para la gente de mi edad, es un lugar perfecto para esta doble vida. A veces pienso qué habría sido de mí si en algún momento de mi vida hubiera decidido contrariar a doña Remedios. Asisto con distancia, como si no me afectara, a la posición de la Iglesia católica ante las nuevas leyes que dan más derechos a los gays, y creo que no siento nada. A veces, si reflexiono un poco, me doy pena. Tengo un amigo gay, que no es cura, que no lo entiende y me echa broncas continuamente. Ahora estoy destinado en una parroquia lejos del pueblo donde aún vive mi madre, a sus 80 años. La visito cada vez que puedo. Doña Remedios parece satisfecha. Cumplió su promesa al Cristo de los Gitanos y tiene un hijo agradecido que no la desatiende. Y que no reza.

La historia de Enrique

Nací en un pueblo de Almería hace 42 años. Tengo
una empresa de electricidad y vivo en el centro de Madrid.

Nos conocimos en la sauna. En una que hay en el barrio de
Moratalaz de Madrid y que es famosa por tener una clientela
de «la tercera edad». Es el «geriátrico» ideal para mí, para mis
gustos quiero decir. Era domingo por la tarde y, como venía
ocurriendo muchos fines de semana en los últimos meses, esta
visita se repetía como una rutina. Las mismas caras, los mismos cuerpos y una forma de desahogarse que terminaba siempre con un vacío devastador. Pero ese día las cosas fueron de
otra manera. Después de varias horas entre ducha, sauna, ducha y sauna, decidí tomarme una cerveza. En el bar crucé la
mirada con un individuo de unos 60 años y un poco fondón,
de aspecto sereno, muy sereno. Vamos, como a mí me gustan.
Como ya estaba aburrido decidí invitarle a tomar algo. Aceptó y su conversación y su tono de voz me cautivaron. Una
hora después me insinuó muy educadamente que pasáramos
a una de las cabinas «para conocernos un poco mejor». Acepté

esa invitación tan cortés. Se notaba que él estaba más calien-
te que yo, como me dijo nada más cerrar la puerta de aquel
pequeño habitáculo, con un camastro y un gran espejo que
cubría una de las paredes. Sin tiempo ni para quitarme la toalla que me cubría la cintura, se abalanzó sobre mí con violencia, sólo tamizada por la voz, especialmente tenue. El polvo no
estuvo mal, fue de un solo asalto pero bastante satisfactorio
para los dos. Tuvo momentos divertidos: mientras follábamos,
él no paraba de gritar «¡Dios mío, Dios mío!». Al terminar, y
antes de salir de la cabina, me invitó a volver a vernos y me pidió el teléfono. Le dije que sí a todo y le pedí a mi vez su número. Pero me contestó que no, que sería mejor que él me llamara y que podríamos vernos el fin de semana. Nos despedimos a
las puertas de la sauna y le vi alejarse calle abajo con la impre-
sión de que había hecho una buena elección pero con una cierta
sospecha. El tipo tenía un halo de misterio. No sé por qué, me
recordó a mis tiempos de cuando aún me confesaba…

Con 10 años le confesé al sacerdote de mi pueblo, con
toda la inocencia, que me había dejado tocar por un vecino de
mi calle un poco mayor que yo. El cura se escandalizó y me
invitó a arrepentirme. Yo le dejé claro que nadie me había
obligado a hacerlo y que incluso me había gustado. El padre
Juan se enfadó muchísimo y me amenazó con contárselo a mis
padres si no me arrepentía de mi gran pecado. Salí corriendo
de la iglesia parroquial y me fui a mi casa. Me encerré en mi
habitación sin que nadie se enterara. Esa noche me negué a cenar y al día siguiente a ir al colegio, sin que mi madre consi-
guiera sacarme una palabra sobre lo que me ocurría.

Pero las cosas se precipitaron. Por la tarde, mi madre abrió la puerta de mi cuarto y me dijo que había hablado con el padre Juan. Quería a toda costa una explicación, saber el nombre de ese vecino pervertido, pero yo no podía hablar. Estaba seguro de que no había hecho nada malo, que las caricias de Manolito no podían tener nada de pecaminosas, que habían sido tiernas y placenteras. Mi madre no consiguió convencerme de que aquello era pecado. Pasaron los años y no se volvió a hablar del asunto. Yo seguí teniendo encuentros furtivos con Manolito y otros vecinos de mi pueblo y del pueblo de al lado. E incluso con el sustituto del padre Juan cuando éste se jubiló. Era increíble, ¡el padre Antonio!, un madurito sacerdote que me caló en cuanto me vio correteando por la plaza del pueblo. Si mi madre se llega a enterar le hubiera dado un síncope. Ella tan beata, tan entregada a la parroquia, se hubiera muerto del susto al comprobar que su confesor se quitaba la sotana con su hijo pequeño.

Muchos años después, cuando yo rondaba los 40, y mis visitas a las saunas de Madrid se habían convertido en algo más que habitual, recordaba aquellos primeros escarceos con el cura don Antonio. Nunca más había vuelto a tener relación con el clero, y con mi madre la había perdido hacía tiempo. Mi padre murió y yo sólo volvía al pueblo en contadas ocasiones. Creo que mi madre se imaginaba la vida que llevaba en Madrid aunque nunca me preguntaba por las posibles novias, por si me casaría o no. Dejó de hacerlo en un momento concreto, no sé por qué. Por supuesto, tampoco me preguntaba nunca si era feliz.

De ella, de mi madre, y de don Antonio, el cura, me acordé cuando, varias semanas después de haber follado en la sauna con aquel hombre de la voz serena, y en uno de los muchos encuentros posteriores que tuvimos, me hizo una gran revelación. El que gritaba de placer e invocaba a Dios era sacerdote. Dios mío, otra vez un cura en mi vida, o mejor, en mi cama. No me lo podía creer. Tenía un cargo importante en la jerarquía eclesiástica y me contó una triste historia de frustración, salpicada de encuentros y relaciones furtivas con otras personas de su mismo sexo. Sin perder la serenidad, me confesó que no podía más y que estaba dispuesto a dejarlo todo si yo le prometía amor eterno. Estuvimos casi seis meses de relaciones, más sexuales que otra cosa. Me hizo estupendos regalos para demostrarme que me quería, «incluso más que a Dios». Pero pese a todo, él no encontraba el momento de colgar la sotana. Al final me di cuenta de que no iba a tomar nunca esa decisión y tuve la certeza de que me había convertido, simplemente, en el amante secreto de un sacerdote. Así que cuando acabó el verano le dije que habíamos terminado. Sin que aquello le contrariara, me aseguró que lo entendía y me propuso que por lo menos siguiéramos manteniendo relaciones sexuales, ya que en la cama nos lo pasábamos de puta madre. Me pareció el colmo, aunque en el fondo le entendía y me daba pena, pero me negué. No era eso lo que yo quería. Una vez más volvía a estar solo, sin pareja y sin familia.

Cuando mi madre estaba a punto de morirse me preguntó qué estaba haciendo con mi vida. No se había preocupado nunca y de pronto allí la tenía, en el lecho de muerte y soltándome una perorata: que si acabaría solo, sin mujer, sin hijos, sin nadie que me cuidara... Que si Dios me iba a castigar por no haber seguido su doctrina, por no haber sido un buen hijo... Estuve a punto de contarle la verdad horrible sobre mi vida, y sobre todo aquello que me había llevado a acostarme primero con don Antonio, su confesor, y después con ese otro hombre de Dios, de su dios, y de la Iglesia, de su iglesia, que gritaba de placer cada vez que yo le follaba después de dar misa en la catedral.

V

Primeras veces

…y había más desamparo fuera que dentro de las tumbas.

Tomás Eloy Martínez, *El vuelo de la reina*

Sórdidas, oscuras, turbias, prohibidas, pecaminosas, malas, marginales. Muchas de las primeras veces de los homosexuales son así. ¿Ocurre lo mismo con las de los heteros? Parece que no. ¿Y por qué? Quizá porque los segundos, los heteros, no tienen nada que ocultar, al menos nada tremendo, nada grave. Los primeros, sí. Ellos tienen que esconderlo todo. Los nombres, las caras, los sitios, los deseos. Disimular que están sintiendo algo, y por quién lo están sintiendo. Y procurar acertar siempre, no vaya a ser que los descubran y los pongan en la picota, y todo se sepa entonces, y todo esté perdido para siempre. Las tres historias que siguen reflejan ese mundo de ocultaciones. Marcial, Máximo y Valentín tienen algo más en común: nunca han olvidado los escenarios de vida donde pasaron sus primeras veces. A pesar de sus inicios mal hallados, los tres consiguieron salir airosos y desear otra vez con mejores resultados. Hay quien no lo logra y se queda anclado en la cabina de una sauna o en la cabina de un camión.

La historia de Marcial

Nací en Cáceres hace 35 años. En la adolescencia me fui a vivir a Getafe con mis padres. Trabajo como dependiente en una tienda de ropa en Madrid.

Debía tener unos 17 años. Un vecino del barrio donde vivía, de unos 30 años, llevaba a su hijo pequeño a la iglesia donde yo era catequista. Antes había sido monaguillo. Algunas veces cruzábamos las miradas, como viendo algo que nadie veía. Un día recibí una nota suya. Me quería conocer. Me recogió en su coche y me llevó a un bar a las afueras de Getafe. Era profesor en el colegio de los salesianos. Me explicó que le gustaban los hombres y me preguntó qué me parecía. Nervioso, le contesté que me parecía bien. En ese primer encuentro intentó seducirme, pero el miedo que tenía pudo más y decidí zanjar esa primera cita sexual. Hubo otras invitaciones a que lo acompañara en las que intentó tranquilizarme y hacerme comprender que las cosas podían ser más sencillas de lo que yo imaginaba: sabía perfectamente lo que él quería, y lo que quería yo, pero la educación, la religión —¡era catequista!—, la familia, me bloqueaban del todo. Pero como en el fondo me moría de ganas de probar el sexo y temía que él perdiera la paciencia, y con ella la primera oportunidad que se me había presentado, una noche acepté la invitación de ir a su casa. Sabía que él, su mujer y los niños se dedicaban a la publicidad, y que muchas veces grababan los anuncios por la noche. Aquélla sin duda fue una de ellas. Vivía dos calles más allá de mi casa. Cuando llegué, su hija pequeña, un bebé, dormía en el dormitorio principal.

Sentados en el sofá empezamos a tocarnos, a besarnos... Nos acostamos en la habitación de los niños. No me enteré de nada. Él sólo quería follar con un jovencito y yo deseaba mucho más. No hubo cercanía, ni complicidad, sólo sexo, un sexo ramplón, que no me supo a nada. Cuando volvía a casa caminando intenté desdramatizar la falta de afecto: al menos lo había conseguido, ya no era virgen, ahora sólo me quedaba buscar algo de ternura y de placer en encuentros futuros.

Esa noche, cuando llegué a casa —a unas horas intempestivas para lo que era habitual—, mis padres estaban aún despiertos, en el salón. Mi padre apartó la vista de la tele, mi madre dejó de hacer ganchillo (tejía la colcha que se supone que había de servir para mi ajuar).

—¿De dónde vienes a estas horas? —me preguntaron.

—... De estar con unos amigos —balbuceé.

—Ya. A estas horas no se puede hacer nada bueno por la calle —dijo mi padre.

—Y mañana no habrá quien te levante —apuntó mi madre.

—Bueno, mamá, ya me apañaré yo —dije, agrio.

—¿Y con qué amigos has estado? —insistió mi madre.

—… Pues no los conoces, son del instituto.

—A saber cómo son. ¿No habrás bebido?

—Nooo, mamá.

—¿Y fumado?

—Tampoco, mamá. Déjame en paz.

—No le contestes a tu madre.

—Es que ya está bien del interrogatorio, me voy a la cama.

—No, no te vayas, no hemos acabado. Ésta es mi casa y mientras vivas aquí haces lo que yo diga. Y a estas horas no quiero que vuelvas más. A saber lo que has estado haciendo de verdad… —insinuó mi padre.

—Mañana es el cumpleaños de tu prima Maribel, acuérdate —concluyó mi madre—. Hemos quedado para merendar.

La discusión fue más larga, y más tensa, y más triste, y más absurda. Como siempre, por otra parte. La de aquella noche, como la de cualquier otro día, no tenía nada que ver con mi hora de llegada. Eso podía ser la excusa. La razón de fondo era la desconfianza: éramos tres personas desconocidas, que vivíamos instaladas en la incomunicación, y que ya no podíamos hacer nada para acercarnos. Yo no era el hijo que hubieran deseado, ni ellos eran los padres que cualquier adolescente como yo habría necesitado. Nuestra vida en común era árida. Cuando mi padre zanjó la discusión, por fin me fui a la cama.

Necesitaba con urgencia refugiarme en mi cuarto y pensar en lo que acababa de pasar aquella noche. Daba igual que hubiera sido ingrato. Por fin tenía una prueba de lo que se sentía al tocar otro cuerpo como el mío. Necesitaba evocar cada momento, cada reacción e interiorizarlo. Allí, solo, extraño, con el ruido de la tele como fondo, recordé el sofá del tipo con el que había perdido la virginidad. Me dormí pensando en el bebé que estaba en la habitación de al lado, y que crecería ajeno a la verdadera identidad de su padre, que ocultaría a su famlia, como yo, cuáles eran de verdad sus querencias.

Él empezó a llamarme con frecuencia y tuvimos más encuentros sexuales (todos parecidos al primero, sin más calor). Nos encontrábamos por el barrio, y a menudo en la parroquia, cada uno con su familia. Yo iba con mi madre, que siempre saludada muy cordial a su mujer y tenía palabras cariñosas para los niños pequeños. Era gracioso (y triste) oírlas conversar mientras él y yo nos mirábamos a hurtadillas, disimulando siempre. Ellas, con sus asuntos comunes, jamás podrían haber imaginado que nosotros también los teníamos: que nos veíamos a escondidas, que nos tocábamos, que nos buscábamos cada vez que ellas se daban la vuelta.

Años después, muchos, me lo encontré por casualidad y lo invité a mi casa, a mi propia casa, donde vivía solo desde hacía tiempo. Quería comprobar si lo que yo sentí aquella primera vez —es decir, nada— tenía remedio. Quería una nueva oportunidad. Los años habían pasado, yo tenía ya experiencia, y suponía que él quizá había perdido sus miedos. Pero volvió a ser un fraude. Ni siquiera se quitó los calcetines, que para mí fue determinante. Cuando acabamos me contó que le gustaba un chaval del colegio donde seguía dando clase, pero que no lograba tirárselo. Era curioso, mientras yo había evolucionado, había tenido relaciones sexuales y amorosas dulces, él seguía siendo un tipo frustrado que mentía a su mujer, que mentía a sus hijos, que vivía en lo oscuro.

En lo único que nos seguíamos pareciendo era en que en mi casa tampoco «lo sabían». Intentó hacerme creer que no se había vuelto a acostar con ningún hombre después de mí y yo me reí a carcajadas. No he vuelto a saber de él, pero alguna vez he pensado que quizá fuera cierto que nunca más había estado con otros hombres. Al fin y al cabo era un respetable padre de familia…

La historia de Máximo

Nací en un pueblo de Jaén. Tengo 42 años y una casa de campo
en Segovia, pero viajo mucho por negocios y no resido
en un lugar fijo.

Aparcamiento de camiones en las afueras de un pueblo a pocos kilómetros de Jaén. El olor a aceite lo impregna todo. Soy
un niño de 10 años, me llamo Máximo, y acudo con frecuencia a ese lugar con mi bicicleta y me quedo mirando los camiones, a los hombres que bajan y suben. Contemplo escenas extrañas, algunas a media luz, poco adecuadas para mis
ojos. El lugar se convierte en el destino preferido de mis ex-
cursiones en solitario. El lugar me atrae, me atrapa incluso.
Camiones grandes que transportan aceitunas, conducidos por
hombres fuertes, desconocidos. Hombres que jadean en las
sombras. Juntos. Una tarde descubro a dos de aquellos tipos
—que venían de fuera, siempre llegaban de otros lugares—
medio desnudos. Uno de rodillas y el otro de pie. La escena
me paralizó primero y me sedujo brutalmente después.

Varios veranos más tarde, y tras muchas idas y venidas a

aquel lugar, tras miradas furtivas y escapadas, subí a una de las cabinas de un camión verde que transportaba cajas de aceite. Recuerdo el olor. Un olor al que ya estaba acostumbrado pero que aquel día era más intenso que nunca. De pronto me convertí en protagonista de las escenas mil veces entrevistas, y me sentí bien. Aquel hombre me acarició, y fue sutil, dulce, no me dañó. Recuerdo las manos, fuertes. Y las palabras, calmadas.

Nadie en mi casa supo nunca de mis escapadas al aparcamiento, que fueron continuas durante los años que viví en el pueblo. Cada vez que regreso para ver a mis padres he de pasar por allí, donde todavía aparcan los camiones, los mismos camiones, conducidos por los mismos hombres, con los mismos deseos, supongo. De hecho, la zona es uno de esos lugares de *cruising point*, como se dice en inglés, o lugares de encuentro, como digo yo.

Ser gay en la década de los setenta, en un pueblo de Jaén, con unos padres como los míos, no es que fuera difícil, es que era imposible. Mi padre había tenido dos hijos, dos varones, y lo que quería, simplemente, era que heredáramos su puesto de comestibles en el mercado municipal. Su preferido siempre fue mi hermano, quizá porque era más rudo, más varonil, más lanzado que yo. Más parecido a mi padre, en definitiva. Aunque a los dos nos exigió siempre lo mismo. Desde pequeños nos levantaba al alba (a las cuatro de la mañana, para ser exactos) para que lo acompañáramos a descargar la mercancía que luego iba a vender en el negocio familiar. Mis madrugadas pasaron durante años entre latas de conserva, quesos y aceites. Hacía mucho frío, tenía mucho sueño, todo pesaba mucho. Era duro, muy duro, para los dos hermanos, pero especialmente para mí. Más frágil que mi hermano mayor, yo además le robaba algunas horas al sueño con la lectura, lo único que me apartaba de la vida gris.

Lo que quería mi padre era que la rudeza del trabajo me quitara esa pátina de sensibilidad que se adivinaba aunque yo no hablara, sólo con mi presencia. Creía que su intransigencia, su nivel de disciplina, sus proverbiales faltas de afecto iban a servir para convertirme en el hombre bragado que él tenía en la cabeza como la única imagen posible de un hijo suyo. Con mi hermano consiguió el propósito. Por eso, cuando años después murió en un accidente de tráfico, su vida se vino abajo por algo más que la pérdida del hijo. Se iba con su muerte la única posibilidad real de que alguien de los suyos continuara con su legado, por miserable que éste pudiera parecer: un puesto en el mercado y trabajar de sol a sol.

Aun así, mi padre intentó que yo sustituyera a mi hermano, al menos en sus anhelos, en sus planes de futuro. Él no sabía que yo ya había tomado una determinación: marcharme del pueblo en cuanto pudiera para poder desear y ser deseado sin visitas furtivas a camiones aparcados en los arcenes. Y sobre todo sin que las sospechas de mis padres, las miradas de soslayo, las intromisiones en mis andanzas, me atenazaran y me impidieran vivir la única vida que podía ser vida.

Hasta que ese momento llegara, las escapadas se convirtieron en los únicos instantes vitales que realmente merecían la pena. Me seguía levantando de madrugada, como un autómata, me subía a la furgoneta que mi padre conducía hasta el mercado, sin que apenas cruzáramos palabras, me deslomaba y antes de las ocho volvía a casa andando para desayunar, cambiarme y prepararme para ir a clase. Saludaba a mi madre, recogía los libros y me marchaba al instituto. El resto del día era sólo un intervalo. Lo único que anhelaba eran las tardes, cuando cogía la bicicleta y me acercaba al aparcamiento, el único lugar donde dejaba el artificio y podía ser yo: un joven que deseaba a otro hombre.

Una mañana, Raúl, un alumno tres años mayor que yo y que destacaba por su físico, me buscó a la salida de clase y me dijo:

—Ayer vi tu bicicleta detrás de los matorrales del aparcamiento de camiones...

—...

—¿Qué hacías por allí? —me preguntó.

—... No sé, nada, no es verdad, no sería mi bici...

—Sí que era tu bici —insistió.

—Te digo que no —le contesté, azorado, antes de salir corriendo.

Estuve varios días sin pasar por el lugar. Ahora cualquiera podía descubrirme, saber de mi otra vida y contarlo, decírselo a mis padres, hundirme, convertirme en objeto de habladurías en el pueblo. No podía exponerme, pero tiempo después (Raúl no había vuelto a comentarme nada) bajé la guardia y regresé con mi bicicleta, que a partir de entonces escondí en un lugar diferente cada día. Una tarde, después de haber pasado un rato bueno, al bajar de la cabina de un camión me topé de frente con Raúl. Me sobrecogí y él me sonrió.

—Hola, Máximo, no te preocupes, estamos aquí por lo mismo. Tú y yo somos iguales —me dijo.

Llegué a casa conmocionado: Raúl, ese chico apuesto y varonil, era como yo. Le gustaban los hombres también, ya no estaba solo. No era el único bicho raro del pueblo. Y sobre todo, mi secreto continuaba a salvo. No sé cómo pasó, pero a partir de ahí nos hicimos inseparables. Me esperaba a mitad de camino para ir juntos al instituto y por las tardes, en lugar de ir al aparcamiento, acudíamos a abrazarnos a la finca de su padre, a varios kilómetros de nuestras casas. Nos enamoramos perdidamente y yo creí que ya todo estaba resuelto. Pero no. Esta relación provocó el recelo de mis padres.

—Ese amigo tuyo es muy mayor, ¿no? ¿Cómo es que sois tan amigos? Siempre estáis juntos.

—Bueno, mamá, pues sí, nos llevamos bien…

—No me gusta nada que vayáis juntos en la moto… Me da miedo.

—No pasa nada, mamá, no te preocupes.

—Y ese chico, ¿no tiene novia? Porque ya tiene edad.

—Pues no, no tiene.

—Qué raro…

—Ay, mamá, ¿raro por qué?

—Pues porque con casi veinte años no sé a qué espera. Dice tu tía Carmina que nunca le han conocido una novia.

—Pues no lo sé, mamá, y no me importa mucho, la verdad.

—Y a ti qué, ¿te gusta alguna chica?

—Buf, no empecemos.

—Ay, hijo, qué raro eres. Todos los chicos de tu edad andan enredados con chicas…

—Pues yo no, mamá…

La historia de Valentín

Nací en Coslada hace 48 años. Vivo en Madrid
y soy gestor cultural.

Coslada, Madrid, 1979. Al lado de mi casa, en el quiosco de prensa que frecuentaba encontré, semioculta, una revista de contactos gays que se llamaba *Party*. La compré con reparos y la devoré a solas. Lo que leí me descubrió el mundo que andaba buscando. Personas como yo. Decidí mandar una carta a la sección de contactos con mi dirección familiar. Tenía 17 años y vivía en casa de mis padres, y sí, era un poco inconsciente. En la carta mentí, dije que tenía 18 años y que quería conocer a otros hombres. Pocos días después llegaron a mi buzón una veintena de cartas proponiendo encuentros.

Una tarde me cité con uno de esos hombres en una sórdida pensión del centro de Madrid. Él era un tipo casado y llegó bebido a la cita. Yo era virgen, estaba asustado y di por supuesto que aquélla iba a ser mi primera vez aunque nunca la hubiera soñado de esa manera. El hombre, poco contemplativo, arisco y medio ebrio, me utilizó para uno de tantos escarceos sexuales, que el tipo siempre llevaba a cabo de manera oscura.

Salí de la pensión a solas, antes que él, que se quedó dormido sobre la cama desordenada. En aquella habitación habíamos cruzado nuestros cuerpos, sin afecto, sin ternura, sin sensibilidad, sin respeto, sin camaradería, sin nada... Pobre Valentín, me dije.

De aquella noche, de mi primera vez, recuerdo una frase de ese señor casado que olía a alcohol... el alcohol bajo el que se escondían tantos hombres amantes de otros hombres que después acudían a sus hogares repletos de niños, con mujeres resignadas. Palabras dichas en aquella habitación de la pensión Amanecer: «¡Joder, qué soso eres, muévete un poco, hostia!».

Esa noche, cuando llegué a casa, mis padres me esperaban con el fajo de cartas descubiertas sobre la mesa. Alarmados por la avalancha en el buzón, habían decidido abrir algunas: «Soy un hombre de 30 años, soy alto y fuerte, me gustaría conocerte, quedar un día contigo...», había leído mi madre esa misma tarde. Angustiado, confundido y, ante la demanda de explicaciones, creí que había llegado el momento de decir la verdad. Lo necesitaba casi vitalmente, y lo hice. No hubo grandes tragedias, ni poderosas escenas dramáticas. Sólo tibieza y un cierto desconsuelo por parte de unos padres que, como todos en aquellos años de plomo, desconocían el sentido real de la homosexualidad: sabían de los maricas, del desprecio, de la homofobia, del pecado, pero descartaban la posibilidad de que aquello pudiera ocurrir en una familia como la suya, a un hijo como el suyo, al que su madre amaba por encima de todo. Al niño dulce, cariñoso, caprichoso, al que había protegido siempre.

La lectura de las cartas, que hubo de ser letal para unos padres de escasa formación intelectual y emocional, les instaló en el cuerpo el miedo y la tristeza, creo que para siempre. Sí, yo era el mismo niño, el mismo hijo, pero aquellas líneas repletas de palabras prohibidas abrieron una brecha entre nosotros que nunca se recompuso, y especialmente entre mi padre y yo, que sólo gracias al instinto maternal de mi madre pudo salvarse y salvarnos de la quema. Todavía hoy me pregunto cómo mi madre, una mujer sin estudios, sin bagaje, que llevaba trabajando toda su vida limpiando casas, pudo entender de alguna manera mi homosexualidad y conseguir que su marido lo respetara. Sin esa capacidad de mi madre para hacerme sentir bien con lo que estaba ocurriendo en mi vida, yo no sería quien soy.

Fue, de todos modos, un trabajo de años, de intentos por mi parte por ser natural, de esfuerzos por su parte de aceptar aquello como la única vida posible para mí. Poco después del descubrimiento de las cartas hubo una cumbre familiar. Mis padres consideraron que era fundamental contárselo a mis hermanas y a los maridos de éstas. Me pidieron que no estuviera presente mientras lo hacían, así que me quedé en la habitación de al lado, oyendo la conversación. Una familia humilde, sin grandes recursos. Uno de mis cuñados, ante las tímidas desaprobaciones de mis hermanas, dijo:

—Preferiría ver a un hijo mío muerto antes que maricón.

Mi madre le contestó dejándole claro que, en ese caso y puesto que el hijo no era suyo, él no tenía nada más que decir.

Un tiempo atrás, ese cuñado, que solía ir de putas a menudo, me había llevado con él a una de sus salidas en busca de sexo de pago. Vino a decir que aquello me haría un hombre. Y, sospechando algo sobre mi identidad sexual, me aseguró que lo de la puta me iba a encantar. Mientras le escuchaba a través del tabique que separaba el comedor de mi habitación, recordé aquella tarde. Llegamos al club de putas. A él lo saludaron algunas y de pronto me vi en un cuartito, con una mujer vestida con ropa interior roja y tacones altos. Se quitó la ropa, pero no los zapatos. Yo me tumbé en la cama, boca arriba, y ella se puso encima. Recuerdo que pensé: «No se quita los zapatos…». Cuando vio que no había nada que hacer, se levantó y me dijo:

—No te preocupes, diremos que todo ha ido bien.

Salimos del cuarto y mi cuñado no estaba. Lo esperé en un saloncito. Vi entrar a algunos hombres y escuché algunas risas. Mi cuñado apareció poco después sonriendo. Me interrogó con la mirada. La puta le dijo lo prometido:

—Está hecho un campeón. —Y yo asentí.

Durante el regreso no dijimos nada. Me dejó en casa de mis padres y él se marchó a la suya, con mi hermana, que en aquel momento estaba embarazada. Nunca se volvió a hablar del tema. Por supuesto no conté nada en casa, ni desde luego a mi hermana, que no sé si sabía que su marido solía frecuentar los clubes de alterne. Supongo que mi cuñado, la noche en la que mis padres le dijeron que era gay, sintió que el dinero que pagó a la puta fue un dinero perdido.

Él y mi hermana tienen hijos. Me pregunto si realmente desearía verlos muertos.

VI

Tendría que contárselo

La experiencia demuestra que aquellos homosexuales adolescentes y jóvenes que reciben la comprensión, el apoyo y el respeto de sus familias y el entorno social y escolar, ahuyentan el fantasma del suicidio y se desarrollan como adultos emocionalmente equilibrados con la seguridad de que su dignidad como seres humanos libres e iguales será respetada y podrán vivir con plenitud su orientación afectiva.

ALBA PAYÁS PUIGARNAU, «Antes muerto que gay», *El País*, 10 de mayo de 2008, suplemento de Salud

Ernesto e Iñaki se conocieron en la facultad de periodismo de Madrid. Según contaba Iñaki, siempre se miraban mucho —ambos eran muy guapos—, pero nada. Fue años después cuando ambos se revelaron ante el otro como lo que eran, dos gays infelices en busca del amor y la serenidad. No fueron amigos íntimos, porque Ernesto no acababa de «salir del armario» e Iñaki estaba harto de sus miedos. Tiempo después de la muerte de Iñaki, le arrancamos a Ernesto un compromiso en un momento jodido de su vida: contar su verdadera historia para el libro que el amigo desaparecido había querido escribir.

La historia de Ernesto

Nací en Bilbao hace 45 años. Vivo en Madrid y no quiero
desvelar más datos sobre mi identidad.

Tengo 45 años y un cáncer linfático que me tiene postrado en una cama de un hospital madrileño. Aún no entiendo cómo he llegado hasta aquí. Apenas puedo pensar aunque he llegado a escuchar a una enfermera que las cosas están más feas de lo que imagino. No me jodas que me voy a morir ahora… con la de proyectos que tengo sobre la mesa… además, tengo pendiente ese viaje con Sergio a una isla de ensueño… por cierto, Sergio… menuda le ha caído con mi enfermedad… y hostia, mi madre está a punto de llegar… y qué hago con Sergio… no he pensado nada… qué le voy a decir… no puedo pensar ni decidir nada ahora mismo… le diré como siempre que es un compañero de trabajo… estoy hasta los cojones de esta situación… aquí, a punto de estirar la pata y, como siempre, sin el coraje suficiente para decírselo a mi madre… pero no puedo pensar, no puedo pensar… pobre Sergio… pobrecilla mi madre… pero creo que tiene que ser ahora o nunca… qué gilipollas he sido… en una habitación de hospital… mamá, tu hijo, el que se va a morir, es homosexual y este maromo de casi dos metros es mi novio… qué fuerte… ninguno de los dos, o mejor dicho, de los tres, nos merecemos este final… me cago en Dios… toda la vida currando para alcanzar el éxito, y ahora que lo tengo, zas… y toda la vida ocultando quién soy de verdad… estoy hasta los cojones… aunque ahora, la verdad, poco importa… pero tengo que hacerlo, por mi madre, por Sergio y por mí, sobre todo por mí… Sergio no es el hombre de mi vida, pero llevamos varios años juntos y no le puedo fallar ahora, se está portando tan bien… aquí, al pie del cañón, con los meses que llevo enfermo… sé que el pobre no estará aquí para siempre… si salgo de ésta…

Mi padre murió cuando yo era muy pequeño y me trasladé con mi madre a vivir con mis tías a otro pueblo de la provincia. Esto me aisló del resto de niños y me dejó inmerso en un mundo femenino que siempre me atrajo y que me protegía de cualquier agresión de fuera. Así estuve hasta que me marché a estudiar el bachillerato a Madrid. Los inicios del instituto no fueron fáciles, pero las mujeres siguieron estando a mi alrededor resguardándome en todo momento del rudo mundo masculino al que yo no estaba acostumbrado. Pasaron los años y yo ya había empezado a notar cosas que me diferenciaban del resto de chicos de mi edad. A mí me gustaba estar con las chicas, para jugar con ellas y no para seducirlas, como les ocurría al resto de chavales. Pero no fue hasta que llegué a la universidad cuando tomé conciencia de que lo que pasaba en realidad era que me gustaban las personas de mi mismo sexo.

Como era bastante guapo y siempre estaba rodeado de chicas, no levanté sospechas. Oía hablar de los maricas de la clase, pero las acusaciones nunca se dirigían a mí. Incluso tuve una novia. El primer amor de mi vida. Ella nunca me ha abandonado, a pesar de seguir enamorada de mí y servirme siempre de tapadera ante los demás. Y lo digo en serio. Años después, y por motivos profesionales, adquirí una gran popularidad, sobre todo en la ciudad donde vivo, y la posibilidad de ligar o de que alguien me reconociese como homosexual me tenía aterrorizado. Que nadie supiera la verdad sobre mí se convirtió en una auténtica obsesión. Recuerdo una noche que me había acercado a un VIPS cerca de mi casa para comprar algo para cenar. Mientras estaba en la caja me fijé en un chaval de tez morena y pelo muy oscuro que se giró para mirarme de arriba abajo. Al salir me estaba esperando. Nos saludamos y empezamos a andar por la calle Princesa. A los pocos minutos de conversación intrascendente se paró y con una gran sonrisa me preguntó si yo era el famoso que era. Me di media vuelta y me marché.

No era la primera vez que me ocurría, pero no me acostumbraba a ser pillado por ese lastre que es la fama que yo nunca había buscado. Aunque parezca una broma, durante años tuve que aguantar toda una leyenda urbana sobre mí. Todo el mundo, o mejor dicho, todo el mundo gay se había acostado conmigo, todo el mundo me había visto ligando en los sitios más sórdidos de la ciudad, todo el mundo creía tener derecho a hablar de mi vida. Esto me ha hecho muy infeliz.

He tenido buenos momentos, claro, y estupendos amores, pero nunca lo he podido compartir con mi madre, ni con ninguno de mis amigos. Sólo ella, Isabel, sabía mi secreto a pesar de que durante mucho tiempo la hizo bastante desgraciada. Yo me aproveché. Ojalá pudiera recompensarla de algún modo. Sin embargo, mi asignatura pendiente seguía siendo mi madre. Es bastante mayor y no quería darle un disgusto. Su hijo había triunfado, estaba orgullosa de él, y para qué estropear aún más la dura vida que había llevado desde que se quedó viuda tan joven y con un hijo pequeño.

Mi madre llega hoy por primera vez al hospital. Los médicos llevaban varias semanas aconsejándome que, dada la gravedad de mi estado, avisara a mi familia. Acaba de llegar. Ha entrado en la habitación.

—Mamá, no te preocupes, estoy bien. Quiero decirte una cosa, siéntate y escucha…

Mi madre no ha reaccionado. Quizá sea demasiado para ella. Sólo venía preparada para lo que le advertí por teléfono, la gravedad de la enfermedad. Pero no para esta revelación, ni para Sergio, desde luego. Me ha preguntado si me voy a morir. Le he dicho que no lo sé, que creo que no, porque los médicos son cada vez más optimistas y porque me siento fuerte. Ha seguido preguntándome por el cáncer, sin nombrar para nada el «otro» asunto. A Sergio, que ha entrado en la habitación, lo ha saludado cordial. Ahora estamos aquí, los tres. Mi madre no me suelta la mano.

—Perdona —le ha dicho a Sergio—, si no te importa, me gustaría quedarme esta noche con mi hijo…

—Claro, desde luego. Me vendrá bien descansar…

—Pues perfecto. A partir de ahora nos podemos turnar, si te parece bien…

La historia de Alberto

Alberto nació en Francia. Murió hace unos años rodeado
de sus amigos.

No se me ocurre cómo puede ser una infancia infeliz. Supe por
Alberto y por sus amigos que las de ellos fueron casi siempre
injustas, poco gratas, horribles unas veces, oscuras otras. Niños tiranos con un blanco fácil: otros niños que se salían de la
norma. Como mi amigo Alberto, que ni siquiera en casa halla-
ba una tregua a la persecución permanente del colegio. Tenía
dos hermanos gemelos, mayores que él, que muy pronto se
convirtieron en los torturadores de un niño de aspecto frágil,
rubio, con el pelo rizado y los ojos claros, al que a veces la
gente confundía con una niña. Incluso su madre pensaba que
Alberto iba a ser una niña cuando estaba embarazada. Nació
en Francia. Sus padres y sus hermanos habían emigrado desde Alicante. Una familia de clase obrera. El padre trabajaba en
la empresa automovilística Citroën. Él y sus hijos mayores
asediaban a Alberto por no ser lo suficientemente masculino,
por sus rizos, por su aspecto, por ser *él*. Palizas propinadas sin

orden ni concierto por los hermanos que viven en la casa, consentidas por un padre indolente y una madre resignada. Alberto se acostumbró a los golpes, hasta el punto de que desarrolló un aspecto físico diametralmente opuesto al que tuvo de niño: se convirtió en un hombre de complexión ruda. Decía siempre que él había sido un niño sensible, emotivo, femenino, un niño que nunca pudo mostrarse porque la hostilidad del hogar fue brutal.

Antes de cumplir los 18 años se marchó de casa, abandonó Francia y vino a España. Trabajó primero de estibador, donde pudo consumar sus primeros encuentros homosexuales, y recompuso todo lo que le habían astillado los hermanos, la familia, el entorno; se hizo peluquero, superó sus trabas, y por fin desarrolló, con esfuerzo, tras momentos duros, después de largas contradicciones, una vida propia, una identidad.

Durante mucho tiempo, una vez al año volvía a Francia a pasar unos días de vacaciones con su familia. Cada vez que iba recomponía su indumentaria y adecuaba peinados y maneras al ambiente intransigente que le esperaba en la casa familiar. Le costó muchos años convencer a todos de que había conseguido triunfar y ganarse un poco el respeto de los suyos. Jamás se habló de su sexualidad, según me contaba, ni de sus afectos hacia otras parejas, que sólo eran hombres. Un día dejó de ir. No me explicó por qué, pero supe que algo tremendo debió haber pasado para que decidiera romper tan radicalmente con los suyos. Quitó todas las fotos que tenía en el apartamento, y nunca volvió a llamar por teléfono y, lo que era más extraño, a recibir ninguna llamada de ellos. Yo dejé de preguntarle —las pocas veces que le había dicho algo me había contestado con evasivas—, y mi familia, mi novia Rosa, mis propios amigos empezaron a convertirse en su familia, en su «novia», en sus amigos.

No sé tampoco si una infancia marcada de ese modo se supera (creo que las consultas de los psiquiatras están llenas de historias de este tipo) y si Alberto logró olvidarla del todo y alcanzar cierta felicidad. Creo que sí. Desde que le conocí, cuando empezamos a compartir el apartamento de la calle Mayor de Madrid y nos hicimos amigos, le vi superar mil trabas y desterrar malos rollos, con una habilidad que ya hubiera querido para mí. Él solía decir que, pese a todo, la vida finalmente le había regalado cosas y poesía.

Cuando tuvo el accidente y me llamaron del hospital para decirme que se había muerto, no supe a quién avisar. Llevaba tantos años desconectado de los suyos, había contado tan pocas cosas, que me costó horrores dar con su familia. A través de la embajada pude localizarlos. Me contestó una mujer en francés, yo me presenté antes de soltarle la mala noticia. Cuando se lo conté, me preguntó:

—¿Y tú quién eres?

—Un amigo, compartíamos apartamento…

—Ya…

Me sorprendió la frialdad. Intuí que en aquel momento le importaba más la posibilidad de que yo pudiera ser un amante de Alberto que la muerte del hijo. Le dije que si pensaban venir a España a por el cadáver de su hijo y me dijo que no, que

si por favor podía encargarme yo del entierro y todas esas cosas (que ellos me mandarían el dinero que necesitara), porque
seguro que Alberto preferiría quedarse en España... Me quedé estupefacto, pero accedí. Lo incineramos aquí en Madrid,
su «otra familia» y yo. Mi madre lloró como una tonta durante
todo el día. Creo que a Alberto le habría gustado que yo contara esta historia. Su historia.

VII

Los primeros amores y desamores

Por qué se van los pequeños momentos, los días sin tiempo, las noches sin sueño, los miedos ingenuos, que a veces pudieron llegar a gustar. Por qué se van las mejores palabras de amor, las mañanas, los dos en la cama sin pensar en nada y habrá que esconderse como los demás.

Canción «25 años» del disco *Incubando*,
de CARMEN PARÍS

Todos nos hemos enamorado alguna vez. Y a todos nos han roto más de una vez el corazón. En ambos momentos lo que uno necesita es contarlo, compartir los detalles y explicar las anécdotas alegres de la vida con el ser querido y llorar después en un hombro comprensivo. Y que te abracen y te digan que no pasa nada, que el tiempo lo pondrá todo en su sitio. Otra de las cosas que los gays no suelen tener al alcance. No suelen poder contar la felicidad ni manifestar la amargura después. Salva tuvo que callarse los dos momentos intensos ante todos los suyos. Sufrió solo y sintió solo. Como tantos. Pau tocó fondo primero. El amor lo salvó.

La historia de Salva

Nací en Ávila hace 43 años. Me fui a vivir muy joven a Madrid,
donde trabajo como profesor de periodismo.

Conocí a Miguel una noche de Navidad en la calle Alcalá de
Madrid. Había quedado a cenar con unos amigos e iba con
prisa. Miguel venía de comprar los regalos de Reyes. Nos cruzamos entre la multitud, mantuvimos la mirada y retrocedi-
mos casi a la vez. Nos saludamos. Teníamos 20 años. Miguel
tenía los ojos azules y sonreía con unos labios hermosos.
Quedamos para el día siguiente. Esa noche dormí mal, me
inquietaba la idea de volver a verlo y me moría de ganas de
hacerlo. Nos habíamos citado en un café, detrás del Círculo
de Bellas Artes. Él llegó vestido de negro, con un abrigo de es-
piga largo y una mochila oscura. Expusimos nuestras vidas. Él
estudiaba bellas artes y trabajaba como vigilante en la Biblioteca Nacional. Fue una tarde intensa. Seguía sonriendo y yo empecé a morirme por esa sonrisa. Tras ese encuentro surgió un
idilio que duró varios años y que fue mi primera historia de
amor de verdad con un igual. Lo que había tenido hasta en-

tonces, en saunas por ejemplo, con tipos que no me concer-
nían, quedó aniquilado. Y a él le pasó lo mismo. Era ese momento de amor a dos, perfectamente acompasado, que ocurre
tan pocas veces.

Salimos del café, nos reunimos con unos amigos míos para
cenar y esa noche, en un local de ambiente, nos dimos un
beso. Hubo más, claro. Y abrazos. En un estudio en Vallecas
helado, que nos dejó su hermano, hicimos el amor días después. Siempre que, en pleno invierno, entro en una casa sin
calefacción me acuerdo de aquel apartamento, de aquella
cama estrecha y de las manos huesudas de Miguel. Era un
hombre lápiz: delgado, alto, esbelto. Han pasado casi veinte
años y me siguen gustando los hombres así.

De pronto no sólo tenía sexo. Íbamos juntos al cine, a los
museos, me descubrió a los Talkin Heads. Pronto nos confesamos esa frase que ya es un latiguillo entre todos nosotros:
«Mis padres no lo saben». Pero le dimos la vuelta al asunto. Yo
me presentaba en su casa como un amigo más y él en la mía.
Incluso dormíamos indistintamente en ambos hogares, los dos
juntos, en nuestras habitaciones, sin que, en principio, salta-
ran las sospechas.

Un fin de semana —sus padres se habían marchado fuera— fuimos a su casa. Regresaron de repente y nos pillaron en
una actitud ambigua y su madre no volvió a mirarme con los
mismos ojos. Alquilamos un piso para evitar escenas como
ésa, en el barrio de La Latina de Madrid. El primer lugar compartido, pagado a medias, nuestro.

Yo pasaba fuera de casa todos los fines de semana. Estaba

loco por Miguel. Exultante y feliz. Y mi madre, sin verme en la cara nada de lo que vivía, insistía:

—Guillermo tiene novia, y es de tu edad, y tu prima Mari se va a casar, ya se ha comprado un piso con Toño.

Y formulaba la pregunta estúpida de siempre:

—¿Y tú qué? ¿No tienes novia?

Yo no entraba en materia, claro, ¿qué podía decir? ¿Que un tipo de ojos claros que me conmovía hasta el delirio y yo, su hijo, manteníamos una serena historia de amor en un apartamento clandestino? ¿Qué podía contarle? ¿Que nos abrazábamos en la misma cama todas las noches que podíamos? ¿Que tenía una sonrisa que me volvía loco? ¿Que yo no era *normal*, como mi prima Mari? Tenía todo un mundo que comunicar y sólo salía el silencio espeso. Las palabras huecas, las frases simples, los monosílabos. Las justificaciones vacilantes.

No habían pasado aún tres años cuando Miguel me anunció que se había enamorado de un profesor de la facultad que dirigía las obras de restauración de los frescos de Goya de la iglesia de San Antonio de la Florida, en Madrid. Me dejó por él y yo quise morirme. Esa tarde, tras la ruptura, salimos del apartamento. Habíamos hablado de anular el alquiler y yo regresé en tren a casa, en un vagón en el que me ahogaba a pesar de estar semivacío. No había podido llorar aún, no podía llorar en el tren y tampoco podría hacerlo al llegar a casa, al calor del hogar. Mi madre no me iba a ofrecer un café ni consuelo, porque yo no podía ofrecerle ninguna explicación de mi desconsuelo. No podía hablarle del desamor, cuando nunca le había contado los momentos febriles del amor por Miguel.

Miguel no podía ser la causa de mi zozobra, como nunca había sido, a ojos de mi madre, la causa de mi alegría. Así que llegué taciturno, aduje un pretexto y me metí en la ducha. Bajo el agua lloré profundamente, con sollozos largos, como se llora siempre cuando alguien te rompe el corazón. Da igual que seas gay o que no lo seas.

Mi madre empezó a preguntarme por Miguel, que se había evaporado de mi vida. Le dije que se había marchado a estudiar fuera, y como creo que nunca le gustó demasiado (supongo que intuyó sin saberlo que había algo extraño entre nosotros), pronto dejó de mencionarlo. Yo no. Yo lo mencionaba continuamente, a mí mismo, claro. Sólo el tiempo, como siempre, logró poner todo en su sitio, pero fue demasiado largo y demasiado vacío. De vez en cuando visito esa iglesia de San Antonio de la Florida y contemplo las pinturas restauradas por Miguel.

La historia de Pau

Nací en Lleida hace 28 años, donde sigo viviendo
con mis padres. Intento recuperar mis estudios de inglés.

Un día desaparecí durante una semana entera y la policía me encontró tirado en un poblado chabolista a las afueras de la capital. Aquello fue el final de un túnel que había empezado a recorrer a los 17 años. No sé lo que pasó en aquel momento, porque hasta entonces lo había tenido todo a mi favor: unos padres ejemplares que me querían, un entorno agradable, aficiones que me llenaban, como el baile, la vida sana. El caso es que hubo un clic y me desmoroné. Nadie me había preparado para afrontar una realidad como la que estaba invadiéndome: era homosexual. Nadie me había preparado para aquello, para saltarme el guión establecido desde siempre y romperlo para ser otro. El rechazo no explícito que yo notaba a mi alrededor me bloqueaba, no lograba entender lo que estaba pasando. Y así llegué a las drogas, como vía de escape. Primero fueron los porros en el instituto; después algunas pastillas que, sin saber realmente lo que eran, me alejaban de la realidad y me permitían, aunque fuera por unos momentos, ser igual que los demás. Cambié mis comportamientos, mis hábitos, mi forma de vestir. Mi salud empezó a resentirse y mi familia comenzó a preocuparse. No entendían qué me estaba pasando. Llegué a la cocaína, a la heroína. Y una noche crucé otra frontera: la humillación a cambio de dinero. Si no tenía pasta para comprar la dosis, encontraba a alguien que se ponía a tiro para hacerle una mamada o para dejar que le dieran por culo. Nunca fue agradable, ahora lo sé. Entonces no, entonces no estaba yo para demasiados miramientos. Al fin y al cabo era maricón, y para algo me tenía que servir.

Mis padres intentaban saber los motivos de lo que estaba ocurriendo y buscaban el diálogo conmigo cada dos por tres, pero yo estaba cerrado, bloqueado, negado a cualquier intento de ayuda. Tenía miedo, mucho miedo. No quería hacerles daño, ni a ellos ni a nadie. Y mientras tanto me lo hacía a mí. Aunque eso no me importaba una mierda. Ellos sufrieron tanto… Fui un estúpido.

No les quería fallar, como si el amor que se tenían entre ellos y el que me profesaban no fuera suficiente para afrontar esa o cualquier otra situación. Ellos, que habían conseguido con esfuerzo sacar adelante a la familia, que eran maravillosos. No he conseguido perdonarme lo mal que se lo hice pasar.

Y llegó esa noche, cuando me desperté tirado en un suburbio y la policía avisó a mis padres para que fueran a recogerme a la comisaría. Nunca había visto a mi madre tan triste como cuando llegaron apresurados para llevarme a casa. Recuperado de esa sobredosis, que me dejó al borde de la muerte, en mi cama de siempre, y siendo consciente de que había tocado fondo, llegó para todos la hora de poner las cartas sobre la mesa. Confesé mi drama a mis padres: «Soy homosexual», dije, y ellos lloraron, pero con alivio y alegría. Muchos abrazos cálidos acabaron borrando toda la tristeza que me había abatido. Ellos, que se habían temido lo peor, descubrían de pronto que tener un hijo gay no era ninguna desgracia.

Después de estos tres años de caída en picado, y como si fuera el cierre de un guión perfecto, apareció en mi vida Jordi. Aunque, como dice mi madre, siempre estuvo ahí. Yo no lo recuerdo, pero ella insiste en que Jordi y yo nos conocimos en la guardería. Aunque yo no tengo recuerdos de él hasta que llegamos a la adolescencia. Le debo muchas cosas, aparte de la felicidad de ahora.

Estaba decidido a recuperar el tiempo perdido, los estudios, mi salud, mi forma física y sobre todo el calor de mis padres. Ellos me animaban a dar largos paseos por los alrededores del pueblo, y un día nos cruzamos con un jovencito corriendo cerca del estanque.

—Ese chico es Jordi, ese que te decía… —apuntó mi madre.

Yo miré a aquel joven enfundado en un chándal ligero, él volvió la cabeza y cruzamos las miradas. Al día siguiente, sobre la misma hora, pero esta vez solo, otra vez junto al estanque volvimos a encontrarnos. Él, con gorra, realizaba ejercicios de estiramiento a la sombra de un árbol. Me paré a observarlo y él se percató. Me saludó y se presentó. Le dije que ya sabía quién era y que me gustaría poder salir a correr con él, si le parecía bien. Con una carcajada dijo que sí. Antes de irse, se giró y me besó levemente en los labios. Yo volví a casa como si aquel beso hubiera estado esperándome desde la infancia.

VIII

Si hubiera sido mi marido

No estar en armonía con el propio entorno es una desgracia, de acuerdo, pero no siempre es una desgracia que haya que evitar a toda costa. Cuando el entorno es estúpido, lleno de prejuicios o cruel, no estar en armonía con él es un mérito.

BERTRAND RUSSELL,
La conquista de la felicidad

Tomás y Ramón se habrían casado sin lugar a dudas si la ley se lo hubiera permitido cuando estaban queriéndose. No pudieron hacerlo, como tantos otros. Aunque en realidad fueron un matrimonio perfecto durante más de veinte años. Eran otros tiempos, otro Madrid. Jóvenes y felices, con un proyecto vital en común que llevaron a cabo pese a todo, con algunas trampas y muchos contratiempos. Dice Tomás que, de haber sido posible, se habrían casado rodeados de almendros en su pueblo de La Vera.

Cuando conocimos la otra historia, la de Diego, nos sorprendió. Parecía irreal, de melodrama, de culebrón casi, pero no. Era de veras. Tanta miseria moral en unos padres, tanta mala suerte… era triste que se diera en una historia de amor tan linda. Diego y Manuel merecían —supongo que como tantos— otro final, y no sólo justicia poética. Diego va despertando del letargo, nos cuentan. Pero lentamente. Y eso que la pesadilla tuvo lugar hace más de diez años.

La historia de Tomás

Nací en La Vera, Cáceres, hace 65 años. He vuelto allí,
donde siempre me inspiro y pinto.

Coincidí por primera vez con Ramón en la barra del bar Berlín, de Madrid, el 24 de enero de 1972. Era uno de los pocos lugares de ambiente en la ciudad en aquellos años. Nos miramos, nos gustamos, nos entendimos. Le invité a acompañarme, a salir del Berlín, tras frases provocativas. Ramón, que en ningún momento se había movido del lugar en el que estaba sentado, me dijo:

—Si me bajo de este taburete y te acompaño, será para siempre.

Esa noche salimos juntos del bar, nos amamos muchas noches más y, veinte años después, Ramón murió en mis brazos, víctima del sida, sin que ninguno de los dos hubiera compartido nunca ese gran amor con la familia.

Yo había sido pastor en la infancia, en mi pueblo de La Vera, en Extremadura. Fui un niño muy creativo, bordaba, cosía, y sobre todo pintaba. Era tan evidente mi capacidad artística que mis padres decidieron enviarme a Madrid para que estudiara en una academia de dibujo. Ingresé en la Escuela de Artes y Oficios. Años después fui detenido en una redada política por un asunto en el que nunca estuve implicado, pero me tuvo en la cárcel durante más de año y medio. A la salida me marché a Europa, donde viví de los dibujos y retratos que vendía en la calle. Mientras tanto, amaba y desamaba a otros hombres con intensidad. Después de unas Navidades que pasé en París, decidí regresar a Madrid. La noche de mi vuelta visité el bar Berlín. Y allí estaba Ramón.

Era diseñador de vestuario de cine. Su familia trabajaba para las grandes productoras cinematográficas, para grandes estrellas de Hollywood que rodaban en nuestro país, y con las que Ramón se codeaba de manera habitual. Ramón era diferente. Para mí era como un personaje de película: elegante, sofisticado, moderno, cosmopolita. Era un homosexual amigo de artistas glamurosos de la época, a los que Ramón aconsejaba e incluso vestía. Tenía magnetismo. Una noche discutió con su madre una vez más y tomó la decisión de independizarse del negocio familiar. Para celebrarlo, se fue solo al Berlín y se subió al taburete.

Nos marchamos a vivir juntos a una buhardilla en la plaza Mayor de Madrid que Ramón alquiló. Descubrí junto a él que yo tenía aún más habilidad artística de la que creía y aprendí el oficio de la confección, del diseño... Poco tiempo después aquello desembocó en un taller de alta costura que ambos montamos en la calle Fortuny y que se convirtió en uno de los más reputados de Madrid. Cosíamos juntos, nos queríamos, compartíamos sueños, prosperábamos, nos relacionábamos, viajábamos a París, a Londres, a Nueva York para conocer las últimas tendencias. Íbamos a los restaurantes más chics, comprábamos las marcas más caras, nuestra casa se llenó de antigüedades que ambos decidimos coleccionar. Formábamos un tándem fecundo y perfecto, con una sola fisura: las familias de ambos «no lo sabían». O mejor, siempre quisieron vivir de espaldas a esa vida nuestra afable, próspera y envidiable.

La familia de Ramón no visitó nunca nuestra casa de Atocha que ambos habíamos montado juntos como si fuera un pequeño palacete. Un día a la semana Ramón comía con su madre en un pequeño *bistrot* del Barrio de Salamanca. Solían hablar de las viejas películas en las que habían trabajado, de las últimas estrellas de cine, de asuntos ajenos. Su madre nunca mencionaba mi nombre. Sabía que era el socio de su hijo y sabía, supongo, que era su amado, pero prefería no citarlo, no verbalizar una imagen que le producía fastidio, si no asco.

¿Deseaba Ramón hablarle de mí? Lo deseaba y no, claro, como todos. Sabía la respuesta hostil que habría recibido de una mujer recta que había conseguido trasladar al resto de la familia la animadversión que le provocaba la vida del hijo mayor. Y prefería quedarse en el silencio o en la banalidad antes de que su madre volviera a herirle. La mujer, que adoraba a los actores gays de Hollywood que salían en la pantalla y que disfrutaba de la compañía de los «mariquitas» que tanto abundaban entre las bambalinas del cine, no podía soportar que su hijo, el primogénito, fuera uno de ellos.

Mis padres seguían viviendo en Extremadura, y nunca iban

a Madrid. Los dos acudíamos de vez en cuando al pueblo, a la casa familiar. A Ramón lo presentaba siempre como «un amigo». Su encanto personal encandiló a mis padres, aunque no a todos mis hermanos mayores, más intransigentes, que siempre le vieron como una amenaza para la familia, en todos los sentidos. En cualquier caso, la acogida fue siempre tibia por parte de todos. Dormíamos en habitaciones distintas y jamás dábamos muestras de afecto mutuo en público. Era un acuerdo no escrito, no pactado, no impuesto por ninguno de los dos. Era sólo la mejor manera, una vez más, de no arañar a nuestros seres queridos, aunque para lograrlo uno tuviera que arañarse a sí mismo.

Teníamos preparado un viaje a Sicilia el verano de 1992 cuando Ramón cayó enfermo. Llevaba algún tiempo débil y los médicos, que no le encontraban nada concreto, le habían recetado vitaminas. Pero tras una semana especialmente mala, nos fuimos al hospital y Ramón se tuvo que quedar ingresado para hacerle unas pruebas. Neumonía, dijeron. Nuestro amigo Luis, médico del Ramón y Cajal de Madrid, fue el primero que me advirtió de que algo no iba bien. Un virus para mí desconocido estaba minando a Ramón... Su deterioro físico fue veloz, y cuando quise darme cuenta mi compañero de vida se estaba muriendo.

La familia de Ramón lo rechazó cuando se enteró de que estaba enfermo y se opuso a mi deseo de que muriera en la casa de Atocha. Ramón ya no podía tomar decisiones, estaba en fase terminal, y yo falsifiqué su firma para vencer la oposición de la familia. A efectos legales, en el hospital, con los médicos, yo no era nadie, aunque hubiera sido la única compañía de Ramón durante los últimos veinte años. Su familia, con la que apenas había tenido relación en las dos décadas anteriores, y que jamás le había visitado durante los días que duró su agonía, se presentó en nuestra casa a su muerte para exigirme todo lo que ellos consideraban que era propiedad de Ramón: cuadros, ropa, objetos de decoración, regalos, cosas personales, libros… Yo, doliente, les abrí la puerta sin saber a qué venían, y los familiares de Ramón se lo llevaron todo. Me dejaron sin él y sin los recuerdos de toda nuestra vida en común. Me senté y dejé que arrasaran con lo que habíamos ido atesorando durante toda nuestra vida.

Pese a que yo sí había compartido con mis padres, de otra manera, nuestra historia de amor (aunque nunca había verbalizado que fuéramos pareja, algo impensable), cuando Ramón murió nadie de mi familia fue al entierro, nadie se ocupó de acompañarme en el duelo, de consolarme, de preguntarme, de descargarme del dolor. Estuve solo en ese final. Es verdad que tampoco lo pedí, no era posible hacerlo, no había nada a lo que asirse para solicitar consuelo.

Años después, mi padre, poco antes de morir, me pidió perdón por no haber estado a la altura en aquellos momentos, porque suponía la pena que yo había sentido. No supo explicarme por qué. En su testamento había decidido dejar la casa familiar sólo para mí, al ser el único hijo soltero. La decisión soliviantó a alguno de mis hermanos y a sus mujeres. Cuando ellos, y ellas en especial, le manifestaron a mi padre su malestar, que llevaba implícito un rechazo a mi vida, a mi condición sexual y al que había sido mi pareja, él les dijo:

—¿Qué tenéis que decir de Ramón, si ha sido el mejor de «todas vosotras»?

Una de mis hermanas, la única que había conocido de verdad a Ramón y le había querido de alguna manera, me contó la escena. Mi padre quiso, con ese gesto, recomponer los errores, las ausencias y los desperfectos de la relación familiar.

Diez años después de la muerte de Ramón, y ya jubilado, vendí todas mis propiedades en Madrid y regresé a esa casa familiar que mi padre me dejó en herencia. Vivo solo en ese caserón en plena Extremadura, en cuyo salón principal hay un cuadro con la imagen de Ramón.

La historia de Diego

Nací en Sevilla hace 37 años, donde sigo viviendo.
Soy profesor aunque no ejerzo.

Los padres de Manuel tenían una finca en Sevilla. Su familia, que pertenecía a la alta burguesía sevillana, celebraba el aniversario de boda. Yo era uno de los camareros contratados para servir la cena. Trabajaba los fines de semana para pagarme los estudios de magisterio. Manuel, que tenía 21 años, perdía el tiempo en la facultad de derecho mientras llegaba el momento de hacerse cargo de los negocios de papá. Se fijó, según me contó después, en lo bien que me quedaba el uniforme de camarero: camisa blanca y pantalón negro. Y pensó «qué pedazo de culo». Sentado en una de las mesas, me siguió con la mirada durante buena parte de la velada, insinuándose cada vez que me acercaba con la bandeja a donde estaba él. Me di cuenta del juego y le seguí. Me demoraba más de la cuenta junto a la mesa donde Manuel y sus invitados conversaban, le sonreía explícitamente al señorito de la casa y adoptaba mi mejor pose cada vez que me acercaba o me alejaba. Al final de la noche coincidimos en el porche de la casa. Yo estaba recogiendo las copas de champán y Manuel se acercó con un papel en la mano y me lo dio.

—Por favor, llámame —me susurró.

Sonreí y seguí recogiendo los restos de la fiesta.

Pasaron dos semanas hasta que decidí llamarle. Para entonces, tal como me contó Manuel, él había intentado en vano en varias ocasiones que la empresa de servicios que sirvió la cena pudiera darle alguna pista del camarero. Difícil, ni siquiera sabía mi nombre.

—Hola… soy Diego… ¿te acuerdas de mí?… soy el camar…

—Desde luego que me acuerdo. Llevo dos semanas esperando tu llamada —me espetó.

—Estaba de exámenes, perdona…

—¿Qué estudias?

—Magisterio, acabo este año.

—¿Dónde podemos vernos, ahora mismo?

—¿Ahora?

—Por favor…

Esa tarde, tras un café rápido en un bar del centro de Sevilla, entramos juntos en el apartamento que los padres de Manuel tenían olvidado y que el hijo usaba para sus citas clandestinas. Follamos hasta bien entrada la noche, con una pasión nueva para ambos. Manuel, como buen hijo de la familia a la que pertenecía, tenía una novia guapa y elegante y una cita para casarse en cuanto acabara la carrera de derecho. Se llamaba Mercedes. Me reí cuando me lo contó.

—Ahora me dirás que en tu casa sí que lo saben —me repuso Manuel.

—No, no lo saben, pero al menos yo no hago tanto papelón, y además, pobre chica, ¿no?

—Tampoco lo sabe...

—Pero te vas a casar con ella...

—Hasta esta misma tarde pensaba hacerlo...

Como la novia de Manuel quería llegar virgen al matrimonio, como toda señorita de su clase social, él no tenía que esforzarse demasiado. Compaginó durante algún tiempo ambas historias: los paseos apacibles con Mercedes, las visitas oficiales a la casa de sus suegros, los compromisos sociales, sus clases de derecho inveteradas, con los besos que me daba, a mí, al camarero que, según confesaba, lo había sumido en un estado febril casi permanente. Adecuamos el apartamento para los dos, Manuel dejó de usarlo con otros hombres, abandonó sus hábitos frívolos y poco a poco adquirió un compromiso conmigo, sin decírmelo, sin que ninguno de los dos tuviera necesidad de materializarlo. No hacíamos planes, nos dejábamos llevar, mentíamos a todos, en todas partes y a todas horas.

Manuel se convirtió en un tipo más sereno y responsable. Acabó la carrera y puso fin al noviazgo con Mercedes —argumentando excusas ambiguas— tras un gran cisma familiar y casi social, que finalmente quedó reducido a simples comentarios de la hora del té en muchos hogares de la clase alta sevillana.

Un verano, en la finca, su madre le preguntó:

—¿Se puede saber quién es Diego?

—... Un amigo. ¿Por?

—Quiero saber qué es ese chico para ti.

—Es lo que tú estás pensando, mamá. ¿Quieres que te lo diga con todas las letras?

—No, por favor. Sólo te pido que seas discreto y que no manches el nombre de esta familia. Esto no ha ocurrido nunca en esta casa.

—… O nadie se ha enterado.

—Pues sí, nadie se ha enterado. Y quiero que siga siendo así. Sobre todo tu padre.

—Muy bien, no te preocupes. No volveremos a hablar del tema.

Pero el tema volvió, y un día, después de muchos años, los padres de Manuel y yo nos conocimos. Para entonces ambos vivíamos ya en la casa que Manuel había comprado con el dinero de sus primeros negocios y formábamos una pareja sólida. Decidimos ponerla sólo a su nombre, para no tener que quedar en evidencia ante el notario, por si los rumores pudieran llegar a la familia de Manuel. Visto hoy parece una estupidez, pero entonces no: se trataba además de una parte del pacto que Manuel había hecho con su madre. En todo lo demás éramos un matrimonio, tal y como habíamos previsto. Y sus padres, satisfechos en el fondo con la discreción con la que llevábamos nuestra «historia», y contentos de veras ante el nuevo hijo, un hijo serio, disciplinado, capaz de sacar adelante los negocios de la familia y que no había provocado ningún escándalo en el estrecho círculo social al que pertenecían, accedieron a respetarme, sin cariño pero con cortesía.

No habíamos querido registrarnos como pareja de hecho porque la ilusión de los dos había sido poder casarnos algún día y ser un matrimonio de verdad. Durante esa espera, un accidente de tráfico acabó con la vida de Manuel, cuando ambos regresábamos de pasar un fin de semana en la finca a las afueras de Sevilla. Yo quedé gravemente herido, con la cara desfigurada y el cuerpo maltrecho. Tuve que someterme a trece operaciones, varias de ellas para reconstruirme la cara, y tardé casi un año en recuperarme. Durante todo ese tiempo que pasé en el hospital, donde me enteré incluso de la muerte de mi pareja, los padres de Manuel nunca me visitaron, ni me llamaron, ni dieron ninguna señal de vida que demostrara alguna pizca de afecto, o simplemente de comprensión hacia el hombre que había compartido la vida con su hijo.

Cuando salí del hospital intenté recomponer lo ocurrido. Acudí a nuestra casa y descubrí que no podía entrar. Mi llave no encajaba en la nueva cerradura. Llamé a los padres de Manuel, que no se pusieron al teléfono. Acudí a la casa familiar. Tampoco los encontré. No tenía fuerzas para viajar a la finca y esa noche la pasé en casa de mis padres, en mi antigua habitación. Días después, la madre de Manuel me llamó.

—Hola, Diego, ¿cómo estás?

—Pues ya se puede imaginar, sin poder entrar en mi casa. Me gustaría tener una explicación.

—No era tu casa, era la casa de mi hijo Manuel.

—Se equivoca, señora. Era nuestra casa.

—Da igual, quiero quedar contigo porque tenemos que aclarar algunos asuntos.

—¿Cuáles? Yo creo que está todo claro. Sólo quiero volver a mi casa.

El asunto, el insólito asunto que la madre de Manuel quería tratar conmigo era el siguiente. Necesitaban que declarara en el juicio sobre el accidente, falseando mi testimonio para que la familia pudiera cobrar una importante indemnización de la compañía de seguros. La aseguradora había presionado a los padres para no sentar un precedente y reconocer los derechos de una pareja de homosexuales. Además, la familia quería evitar que el caso llegara a los medios de comunicación. Sabían que un tema así sería portada de los periódicos, y ellos ya no podrían seguir mirando hacia otro lado. A cambio, estaba dispuesta a cederme la propiedad del apartamento de su hijo. Me negué. En honor a Manuel tenía que oponerme a ese chantaje burdo, prosaico, materialista, tan propio de la familia de mi amado y que tantas veces le había indignado a él.

—No —le dije—, no voy a declarar en su favor. Contaré la verdad o nada.

El pleito duró años. No declaré y finalmente perdí el juicio. La aseguradora indemnizó sólo a la familia de Manuel, tal y como ellos querían. Sin casa, con secuelas del accidente que me impedían trabajar —perdí la visión total de un ojo y parte del otro—, sin compañero vital, emprendí una batalla personal contra la aseguradora. Reuní durante meses todas las pruebas documentales que demostraban la convivencia en pareja en aquel apartamento del que me habían echado. Recibos de luz, domiciliaciones bancarias y testimonios de vecinos, de tenderos del barrio, de amigos y de mi familia, humilde, sin estudios, que de golpe tuvo que reconocer lo que soterradamente había sabido toda la vida. Tenía que demostrar que éramos pareja y que si alguien merecía ese dinero para paliar el dolor de la pérdida, ése era yo. Asimismo, perseguí otro fin: que esa compañía de seguros tan reaccionaria no lograse el propósito de impedir que se reconociera por primera vez el derecho de una pareja homosexual. Muchos años después, el Tribunal Constitucional me dio la razón y recibí el dinero fatal en mi cuenta corriente. Ese día, por la noche, mi hermano y yo forzamos la puerta del apartamento donde había vivido con Manuel. Abajo habíamos dejado el monovolumen donde pretendíamos llevarnos todos los recuerdos del pasado. Estaba prácticamente como lo habíamos dejado aquel viernes, antes de salir para la finca. Me senté, miré a mi alrededor y desistí de la idea del expolio. Me llevé solamente una foto que ambos nos habíamos hecho en una playa de Formentera y el reloj de Manuel, que había dejado olvidado sobre la mesa del comedor.

Llevo puesto su reloj a menudo. Y en esta otra vida que tengo, con otra pareja, en otra ciudad, cada vez que tengo tentaciones de mentir para quitarme de encima algún prejuicio, me acuerdo de Manuel, y por él decido no hacerlo, salir al aire tal y como vivo, tal y como siento. Voy a algunas bodas de amigos gays y me entristezco un poco… Al fin y al cabo nos conocimos en una boda. Con lo guapo que habría estado Manuel vestido de esmoquin…

IX

¿Y las lesbianas qué?

Yo he tenido que luchar para ser yo y que se me respete, y llevar ese estigma, para mí, es un orgullo. Llevar el nombre de lesbiana. No voy presumiendo, no lo voy pregonando, pero no lo niego. He tenido que enfrentarme con la sociedad, con la Iglesia, que dice que malditos los homosexuales… Es absurdo. Cómo vas a juzgar a un ser que ha nacido así. Yo no estudié para lesbiana. Ni me enseñaron a ser así. Yo nací así. Desde que abrí los ojos al mundo. Yo nunca me he acostado con un señor. Nunca. Fíjate qué pureza, yo no tengo de qué avergonzarme… Mis dioses me hicieron así.

CHAVELA VARGAS

De todas las historias que conocimos, apenas tres o cuatro hacían referencia a mujeres. A mujeres lesbianas. ¿Por qué? ¿Hay menos? ¿Están más ocultas aún? ¿Son más duras sus vidas? ¿Sienta peor a sus familias conocer su identidad sexual? Parece que el asunto es más sencillo: es más fácil ocultarte si eres mujer y vives con otra mujer, está socialmente más aceptado, es menos sospechoso, y por tanto ¿para qué dar la cara?, ¿para qué luchar?, ¿para qué decir la verdad si puedes evitarlo? De todas formas, ellas sufren igual, quizá de un modo más profundo, porque a la discriminación por ser lesbiana hay que añadir la histórica discriminación por ser mujer. Ángela fue, y es, una rara avis en esto.

La historia de Ángela

Nací en un pueblo de Granada. Tengo 39 años y realizo
trabajos como temporera en ese mismo pueblo.

Las coplas que mi madre y yo, una cría de apenas 7 años,
oíamos a la sombra de la parra, en el patio andaluz de la casa
en la que vivíamos, siempre hablaban de amores contrariados,
de hombres y mujeres que se deseaban y no se entendían, de
abandonos que partían el corazón, de vencedores y vencidos
en cuestiones de afectos. Mi madre cosía y de vez en cuando
canturreaba. Y yo corría por el patio inventándome juegos. La
radio, ese transistor negro niquelado, emitía a veces la radio-
novela: más desamores, más juramentos de pasiones eternas.
Cada tarde una historia parecida. Y otras veces, esas coplas de
la Piquer sonaban como canciones dedicadas que siempre le
brindaba un hombre a una mujer, o al revés. Siempre en esas
dos únicas direcciones. Tenía 7 años, sí, y ya entonces había
algo que no entendía. Aquello nunca iba a pasarme a mí, esa
monotonía amorosa no era la mía. Es un recuerdo vago, desde luego, pero siempre que he querido indagar en las primeras

veces que tomé conciencia de mi homosexualidad, sale aquel patio encalado y aquellas coplas.

Casi por aquel tiempo descubrí a Pilar, una compañera del colegio, rubia, la única niña rubia de toda la escuela, con los ojos claros y la piel blanquísima. Una niña frágil, educada. Yo la miraba siempre con veneración. Era distinta a todas y yo la amaba. Sí, la amaba de veras, como se puede amar a los 7 años. Cuando ella estaba presente, yo enmudecía (y desaparecía esa voz grave que siempre me había diferenciado de todas las niñas del pueblo), se me aceleraba el corazón. Pensaba en ella a todas horas. La buscaba inquieta con la mirada al llegar al colegio por las mañanas, en el patio al salir al recreo, en los actos comunes de todos los niños.

Alguna vez hablábamos. Más ella que yo. Yo no podía. Yo estaba febril, asustada, asombrada de que aquel encanto se hubiera acercado a mí. Una de esas tardes, al regresar al patio y ver a mi madre oyendo las mismas historias de siempre en la radio, me atreví a preguntarle:

—¿Por qué todas las canciones siempre hablan de amor entre hombres y mujeres? Siempre cuentan la misma historia entre chicos y chicas...

—Porque la vida es así, siempre ha sido así —me contestó mi madre sin darle importancia.

Recuerdo el desasosiego, la extrañeza. ¿Siempre ha sido así? ¿Y por qué? ¿Podría cambiar algún día? Demasiadas dudas para un corazón tan débil todavía y para una madre dulce que no podía darme ninguna respuesta que me aplacara por dentro.

Pasaron los años y llegué al instituto. Recuerdo el rechazo

que sentía hacia todos los chicos que se me acercaban. Y la soledad. La tremenda soledad que todo eso llevaba consigo. Hasta que el destino trajo a las aulas a una adolescente distinta. Era delgada y diferente a todas nosotras. Había llegado de la ciudad con sus padres a ese pueblo remoto... Y también se llamaba Pilar. Pronto se empezó a correr la voz.

—No te acerques a ésa, que es lesbiana —me advirtieron una mañana.

¿Lesbiana? ¿Qué era aquello?

Se lo pregunté a mi madre, y su explicación, aunque lacónica, fue toda una revelación...

Pilar, que vivía en el pueblo de al lado, fue providencial. Nos hicimos amigas casi de inmediato. Un poco mayor que yo, fue ella la que me descubrió el gran secreto, lo que a mí me rondaba por dentro desde niña y que no había sido capaz de visualizar: me gustaban las chicas, y además ella era como yo. Sí, éramos lesbianas (o «bolleras», como despectivamente empecé a oír que decían en el pueblo), y de pronto sentí paz y orgullo. Paz por haber entendido por fin cómo funcionaba mi corazón. Y orgullo por ser como ella, como Pilar. Una tarde decidí contárselo a mi madre. Siempre nos habíamos entendido. Nos adorábamos, y yo le había explicado mis zozobras y ella a mí las suyas. Aquello era una buena noticia. A las coplas, mamá, les faltaban algunas estrofas. Y allí llegaba yo para completarlas. Pero mi madre, claro, se escandalizó.

—¿Qué tonterías dices? Eres muy pequeña y no sabes de lo que hablas —me contestó alborotada.

—No soy pequeña, mamá. Sé lo que digo...

—Quítate eso de la cabeza. Ni te gustan las chicas ni nada... Eso es una barbaridad y las cosas no son así, y además no van a cambiar...

Algo se quebró entre nosotras aquel día, que tardamos muchos años en recomponer. Pilar me había advertido de los problemas que iba a traerme todo aquello. Me contó sus momentos amargos en su casa, con sus padres, con sus hermanos, con sus amigos. Y me dijo que tenía que estar preparada para lo peor. Yo no quise creerla. Era muy ingenua, siempre lo había sido, y nada en mi vida anterior, bastante plácida, hacía presagiar lo que vino después.

Lo que siguió fue duro. Dura la vida en casa; duros los años que pasaron durante los que me negué a ocultar lo que era, lo que quería, lo que me gustaba. Di la cara; intenté, con la verdad, ganarme el respeto del resto de los vecinos. Lo conseguí a veces; otras veces me di de bruces.

Pero para lograr ser lo que quería ante todos tuve una aliada de excepción: mi madre. Después de los inicios, difíciles y casi trágicos, ella fue la mujer de bandera que todos los hijos necesitan en los momentos malos. Nunca lo verbalizó (ni lesbiana, ni nada parecido), pero a su modo, con sus posibilidades, siempre me protegió cuando hizo falta (que hizo, y mucha: en alguna ocasión tuve incluso que llegar a las manos para defenderme de algunos insultos). Ella me animó siempre a seguir con la cabeza alta.

Su apoyo resultó también definitivo cuando tuve mi primera novia. Era de la ciudad y yo quería que viniera a verme a mi casa, al mismo pueblo andaluz de la parra. Y quería pasear con ella de la mano y presentársela a las vecinas como hacían mis compañeras con los muchachos. Era un sueño. Visto hoy, parece un sueño estúpido, pasado de moda... Pero entonces era importante. Así que un sábado llegó y por la tarde nos fuimos a la plaza... y antes de una hora tuvimos que huir. Huir, sí, y ocultarnos en mi casa para escapar del griterío, de las bestias que hubieran querido matarnos.

Siempre me he arrepentido de haberle hecho pasar por aquello a mi madre. Nos preparó un caldito y nos acunó, haciendo ver que no pasaba nada, pero yo sé que estaba muerta de miedo. Días después, de hecho, me animó a marcharme del pueblo. Me dijo que si quería seguir con mi vida, con la vida que yo había elegido, era mejor para mí que me fuera a otro lugar. Me lo dijo llorando, supongo que de rabia, de miedo, de ira. Porque era ella la mujer que me había enseñado el camino: se podía vivir con ideas propias, con la cabeza erguida, sin hacer mal a nadie, y a contracorriente. Así que no debía resultarle fácil pedirme de pronto que tirara la toalla, que me marchara humillada sólo por ser distinta.

—Entiendo lo que me dices, madre, pero sé que es por el susto del otro día —le dije.

—No, hija, es porque no quiero que sufras...

—Ya lo sé, madre... pero no puedo hacerlo, lo siento. Ésta es mi casa y éste es mi pueblo. Me marcharé de aquí por cualquier cosa, pero nunca por ser como soy.

Así que no huí. Sabía de las otras historias de homosexuales machacados por el entorno, que se habían marchado de sus casas, de los lugares donde lo tenían todo, donde se encontraban a gusto en principio, los lugares que nunca habrían querido abandonar. Y yo no quería seguir ese camino. Mis maletas iban a quedarse en el lugar de siempre, hasta que cualquier motivo mundano, personal, laboral, amoroso, me impulsara a hacerlas y a coger un tren o hasta un avión (qué barbaridad) y trasladarme, dejar a mi madre, a los míos, mis cosas, los rincones entrañables, y vivir en otro lugar, empezar otra vida. Me salió incluso una vena heroica: la de convertirme en referente de otras y otros como yo. El mío, de algún modo, había sido Pilar y yo quería seguir su estela. Estaba segura de la importancia de reflejarse en otros, de tener ejemplos que te impulsaran a continuar con tu vida, que te animaran a defenderte, a valorarte, que no te hicieran sentirte tan «rara», tan extraña, tan sola.

Aquí sigo. Conseguí un trabajo de encargada en la cooperativa. Aquella novia a la que casi apedrean en la plaza sigue viviendo conmigo. Mi madre murió hace unos años, pero la cuidamos juntas hasta el final. Creo que se marchó bastante tranquila, conseguí apaciguar en parte sus temores, aunque nunca se fueron del todo. Siguió poniéndose tensa cada vez que teníamos un gesto de afecto delante de ella, pero luego sonreía.

La historia de Mar

Mar nació en Madrid hace 20 años. Estudia filología
hispánica en la Universidad Complutense.

Beatriz y Carmelo son dos compañeros de trabajo a quienes conozco desde hace casi veinte años. También a sus niños, desde bebés. La pareja siempre ha sido un ejemplo de matrimonio y de padres cabales para mí. Los dos niños los han acompañado muchas veces en reuniones, viajes o cenas. Yo siempre decía que sabían comportarse entre adultos y que eran dos niños casi modélicos. Una noche, cenando los tres con otra pareja de amigos heteros, tras hablar y hablar, y pasar de un tema a otro, banal, frívolo, divertido, yo, cansado por los horarios de mi trabajo, estaba a punto de irme. Tras el café (y después de todo el vino que nos bebimos) les pregunté por los chicos.

—Tenemos un problema y necesito que me ayudes —dijo Bea mirándome—. Mar nos ha contado que le gusta una chica.

Mar es la hija mayor. Acaba de cumplir 18 años. Ha llegado a la universidad con un expediente brillante. Es muy guapa, muy abierta, muy divertida. Colabora con una ONG en Mauritania. Siempre ha sido la niña de los ojos de Carmelo. Conoció a la chica que le gusta en un foro ecologista de internet. Vivía en Barcelona y era mayor que ella. Quedaron en Madrid y en Barcelona con frecuencia durante un año sin que los padres de Mar sospecharan que aquellos encuentros escondían algo más. Acostumbrados como estaban a la claridad con la que siempre lo abordaban todo con la hija mayor, les sorprendió pillarla en algunos renuncios. Beatriz sentó a Mar en el sofá y le preguntó: «¿Qué pasa con Isabel?». Mar sintió un cierto alivio, según le reconoció a Bea, y le dijo que aunque estaba confusa creía que se había enamorado de Isabel. La serenidad de la hija la sorprendió y, pese a los miedos, la abrazó y le dijo que no se preocupara, que su padre y ella siempre apoyarían sus decisiones sentimentales. Sólo le pidió que no se lo callara.

—¿Quieres que se lo contemos a tu hermano? —le preguntó Bea.

—Déjame que se lo cuente yo al peque —respondió sonriente—, a ver qué cara pone.

Le pedí al camarero un pacharán con hielo y dije: «La noche se anima». No quería beber más, pero había hecho ya muchas excepciones —el vino, la comida copiosa, el horario—, así que una más no importaba. Y el tema que se abría era apasionante e insólito: unos amigos se enfrentaban por primera vez a la homosexualidad de un hijo.

Ella, Bea, estaba más preocupada que él. Carmelo es más tranquilo. Nos contaron sus miedos, sus recelos, dijeron cosas que podrían haber sido dichas por cualquiera de nuestros padres (de los míos, por ejemplo), hasta el punto de que llegaron a pronunciar la frase: «¿Qué hemos hecho mal?».

Lo primero que quise fue tranquilizarles. Y sobre todo convencerles de que no debían cometer los errores que los padres de mi generación habían cometido con nosotros: legarnos el miedo, la inseguridad, el sentido del pecado, del mal... Si ellos mimetizaban esos comportamientos, su hija se convertiría en una mujer infeliz, y toda la tarea que habían realizado durante sus primeros dieciocho años no serviría de nada. Intenté decirles que tenían que ser con ella tan comprensivos, tan tolerantes, tan buenos amigos como lo habían sido conmigo durante los veinte años que nos conocíamos, y que sólo si ellos se mostraban felices y satisfechos, su hija iba a poder tener una vida plena.

Lo que ellos temían era que Mar sufriera. Sabían que, pese a todo, la homosexualidad no está plenamente admitida en todos los ámbitos, y temían que su hija estuviera equivocándose. No querían precipitarse; en el fondo tenían la esperanza de que todo fuera una «cosa de la edad», de la adolescencia, y que con el tiempo volviera a ser «normal».

Hice un alarde de lo que debe ser la tolerancia y el amor hacia los hijos, aunque yo no los tenga, y les expliqué el déficit de cariño, de entendimiento que yo había tenido por parte de los míos. Ellos no debían caer en el mismo error y, si de verdad su hija era lesbiana, no debían consentir que buscara en otra familia lo que ellos no iban a saber darle.

Esa noche, en plena euforia, dije que me sentía orgulloso

de ser gay: por lo que me había costado afianzarme, por lo que podía ayudar a personas como ellos, en una situación como aquélla. Fue una conversación apoteósica. Lloré, lloramos, nos reímos, recordé cosas y expliqué sentimientos que no sé si ellos conocían. La mesa se convirtió en un lugar mágico. Creo que cada uno salió mejor por dentro de aquella cena. Y creo también que Mar va a ser feliz, que sus padres —Beatriz y Carmelo— se lo van a poner fácil.

X

Quería ser hetero

En casa me domesticaron igual que más tarde
hicieron en el colegio. Querían domar al animal
salvaje que había en mí, al ser humano, para que
me convirtiera en un buen burgués que realiza-
se un papel intachable en el espectáculo.

SÁNDOR MÁRAI, *La mujer justa*

Una amiga de Iñaki le aconsejó un hotelito rural, Casa Gallinera, en un pueblo del interior de Alicante, Benissivà. Allí conoció a Xavier y a Pascual, los dueños, y allí se hicieron amigos. Historias comunes, momentos vitales idénticos... Pascual, un gran conversador, también dejó su historia en manos de Iñaki. Cuando le quedaba poco tiempo de vida decidió marcharse allí, a ese valle, a comer cerezas y naranjas, y a pasear y oír el silencio, y charlar largamente con iguales. Un lugar recóndito donde, curiosamente, «ellos» no estaban en minoría: muchos de los que vivían o visitaban el lugar eran gays y lesbianas y los lugareños no les hacían ascos. ¿Espíritu mediterráneo y festivo? Quizá. El caso es que Iñaki allí pudo ser feliz con mayúsculas.

La historia de Pascual

Nací en Pedreguer, Alicante, hace 53 años.
Vivo en Benissivà, en la Vall de Gallinera. Soy veterinario
y tengo un hotel rural en el pueblo.

Los niños del colegio me machacaron. No recuerdo si yo era o no amanerado, el caso es que se repetía el insulto: mariquita, mariquita, mariquita… y las burlas, y el desprecio en los gestos. Así que llegué a la adolescencia y *me hice* hetero. De pronto todo era sencillo, todo era normal, se acabaron las miradas turbias, los cuchicheos. Tuve todas las chicas que quise, una detrás de otra, jamás me enamoraba, pero en el pueblo pasé a ser lo que se consideraba un donjuán. Por fin había vencido. Me encontraba a compañeros de la escuela y me miraban con envidia. Ligaba con sus novias, o con las novias que ellos hubieran querido tener. No me duraban mucho, la verdad, pero bastaba con ese vaivén, con ese derroche de lujuria para acallar las voces que hasta entonces me habían acosado. Incluso me acallaba a mí mismo. Y en el entorno, tranquilidad.

De aquellos años guardo imágenes ambiguas: mientras ligaba con chicas en la discoteca, mientras les daba besos, mientras manoseaba cuerpos que no eran los *cuerpos*, mientras «coleccionaba» mujeres, miraba atónito al batería del grupo que tocaba en el local. Sé que me gustaba, pero no sé si entonces lo sabía. Sólo lo miraba, y me sentía extraño, sin querer ver lo que veía, sin que pudiera soportar la idea de que aquello se verbalizara. Años después descubrí esas y otras muchas huellas que demostraban que pese a todas las camas femeninas que recorrí, yo deseaba de verdad al batería. Pasaron los años y cumplí 25. Nunca he sabido qué me hizo cambiar, decidirme a vivir la vida de verdad. A lo mejor fue el vacío total en el que estaba. El caso es que busqué a un hombre como yo para poder perder la virginidad (la homosexual, claro), para *notar* a un hombre por primera vez. Y lo encontré. Fue un contacto fugaz, ni bueno ni malo, que me cambió la vida. Luego hubo otros, no muchos, algunos más, los justos para desatarme todos los cabos.

Hasta que encontré a Xavier. Nos presentó una amiga común. Trabajaba justo debajo de donde yo tenía la consulta. Me enamoré perdidamente de él. Tenía 29 años y, pese a todas las supuestas historias de amor y sexo que había vivido, aquélla fue la primera vez de verdad. Llevo con él veintiún años y quiero envejecer a su lado. Mi madre tiene 87 años, vive a temporadas con nosotros. ¿Lo sabe? Bueno, yo creo que ni siquiera sabe lo que sabe exactamente.

Cuando Xavier y yo empezamos, él venía mucho a casa, como venían los novios de mis hermanas. Un día, mi madre, con un cierto malestar, me comentó:

—¿Ya está aquí otra vez Xavier?

—Mamá, Xavier es la persona que yo he elegido —le respondí, escogiendo las palabras y sabiendo que la frase debía decirlo todo sin decir nada.

No hubo más comentarios (ni entonces ni nunca), ni ante ella ni ante el resto de mi familia. Mi padre murió antes de que yo alcanzara los 25, así que nunca tuve oportunidad de manifestarle nada. Aunque tampoco lo habría hecho. Mi madre dejó de preguntarme si pensaba casarme poco después de que Xavier se incorporara a mi vida, y desde luego después de aquella respuesta mía. No sé si ha sufrido por esto, nunca me ha hecho reproches, y tampoco sé si ha tenido que defenderme ante los demás. Se ha acostumbrado a Xavier del mismo modo que se habría amoldado a una nuera. Le trata igual, para bien y para mal. Y creo que le quiere. No sé qué se pregunta a sí misma. A veces hace comentarios sobre las críticas hacia los homosexuales, aunque nunca me mete a mí, a nosotros, por medio. Se limita a lamentar las maledicencias, más que nada «por las pobres madres, que tienen que aguantar oír esas cosas sobre sus hijos».

¿Echo de menos hablar con ella del tema?… No, la verdad es que no, me sentiría tan violento… ¿Y para qué? Tiene 87 años, va a misa todos los domingos, es amiga del cura, ¿qué le voy a decir a estas alturas? En casa, cuando pasa temporadas, ella y Xavier cocinan juntos. La otra tarde sacamos su ajuar del baúl. Xavier incorporó el suyo. Nos divertimos. Estuvimos doblando las sábanas de hilo rematadas con encaje de bolillos, las colchas, las mantelerías bordadas. Ella sabe que es de los dos, que lo usaremos juntos. No hace falta que digamos nada.

A mí me basta con eso, con verla a mi lado, contenta, sin reticencias, sin miradas de reproche. Sería distinto si para cuidarla, para que viniera a casa, yo tuviera que esconder a Xavier, impostar la vida. Sería imposible, insoportable...

Tengo amigos, muchos, que han sufrido con esos silencios, pero creo que el motivo es que siempre había algo detrás de ellos: la condena no explícita a su manera de ser, los reproches no verbales, los gestos de desaprobación. Debe ser duro ver cómo maltratan a tu pareja, o cómo la ningunean. Sé que a los heteros también les pasa con las suyas, pero digamos que suele haber un pacto no escrito para que no se note. Con nosotros es distinto, con nosotros parece que todo está permitido. Parece como si dijeran: si él tiene la desvergüenza de ser como es y de traer a esta casa a este señor, nosotros tenemos todo el derecho a actuar, sin ningún comedimiento, sin ninguna cortesía. Tenemos derecho a manifestar el asco que sentimos, o cuando menos la frialdad. ¿No pretenderá que además lo queramos como a uno más de la familia?

A veces me topo con alguna de mis novias. Sé que muchas me odian porque les hice daño y porque creen que las engañé de manera premeditada. Otras se aventuran a decir que ya lo sabían... Y sólo unas pocas se han convertido en amigas más o menos entrañables, que no se paran en aquellos tiempos errados.

La historia de Víctor

*Víctor nació y murió en la Huerta de Valencia,
donde tenía tierras.*

Mi abuelo era heterosexual. Dicho así, parece una obviedad: era mi abuelo porque se casó con mi abuela, y tuvo hijos y yo nací de esos hijos; luego, claro está, era heterosexual. Pues bien, no está tan claro. Vivía en plena Huerta de Valencia, en los años cuarenta. Un vecino, Víctor, casado y padre de cuatro hijos, le declaró su amor un día en el que ambos coincidieron lejos de la Huerta. Luego intentó, furtivamente, robarle un beso. Mi abuelo, que era un hombre digno, serio y muy cabal, ni se indignó ni se asustó. Simplemente le dijo que no le correspondía. Víctor, el padre homosexual, se desmoronó. Llevaba tantos años callado, ocultando el amor y los afectos hacia mi abuelo y hacia tantos otros, viéndose en rincones oscuros con hombres como él, que vivían una vida equivocada, llena de trampas, que ese día no pudo más y le contó a mi abuelo todo ese cúmulo de miserias, culpas y desasosiegos. No hizo falta que le pidiera a mi abuelo que no contara nada.

No hizo falta pactar ningún silencio. Uno y otro se conocían de años y confiaban el uno en el otro. Durante el resto de los años que le quedó de vida siguieron siendo amigos. Víctor, supongo, cazando abrazos donde pudo, y mi abuelo, respetando aquel pacto tácito.

Mi abuelo sólo le habló de aquella confesión a su mujer. Mi abuela, una mujer entera y adelantada a la época y muy amiga de la esposa de Víctor, guardó también el secreto, en unos tiempos y en un ambiente en el que todo invitaba a lo contrario: a las maledicencias, a los rumores. Sólo hizo una salvedad muchos años después: se lo contó a su hija, mi madre, entonces una niña, que lo aceptó con la misma naturalidad con la que mi abuela se lo dijo. Sin hacer algaradas, sin persignarse, sin horrorizarse. Ella también habría de guardarse la historia para sí, sin compartirla con las niñas del barrio, sabiendo quizá que aquello no iba a ser bueno para las hijas, ni para la familia, ni para el propio Víctor.

Hace apenas un año que mi madre me contó esta historia. Sé muchas cosas de su niñez, de aquellos años oscuros en la Huerta de Valencia, en plena posguerra, y nunca me había contado esto.

Poco antes de morir, Víctor llamó a mi abuelo a los pies de su cama y le dijo:

—Yo no lo veré, Miguel, y tú tampoco, pero algún día la gente como yo podrá vivir en paz.

Ha pasado más de medio siglo. No sé si la mujer de Víctor conoció siempre esa parte inconfesable de su marido, y tampoco sé si sus cuatro hijos lo intuyeron alguna vez. No sé qué piensan hoy de la nueva ley que permite el matrimonio gay, ni qué harían si algún hijo suyo fuera homosexual. En aquella casa, por descontado, nunca se debió hablar del tema.

XI

Hombres casados

En sí, la homosexualidad está tan limitada como la heterosexualidad: lo ideal sería ser capaz de amar a una mujer o a un hombre, a cualquier ser humano, sin sentir miedo, inhibición u obligación.

SIMONE DE BEAUVOIR

«¿Cómo va a ser gay?, si está casado y tiene dos hijos.»

Dejé de formular esa pregunta después de infinidad de historias que Marce siempre me contaba sobre dobles vidas sexuales. Hombres «felizmente» casados que en sus ratos de ocio se iban a las saunas, a los parques, para vivir el placer real, para sentirse deseados, para afirmarse como amantes, para desfogarse, en definitiva. Entendí que del mismo modo que se ocultan amantes mujeres, se pueden amagar, y con mucho mayor motivo, amantes hombres. Porque lo segundo no es sólo un asunto de faldas, de infidelidades; lo segundo es un mazazo que no tiene solución.

La historia de José Luis resulta increíble. Pero no, es cierta. Y hay muchos José Luis que están por ahí, entre los nuestros, entre los vecinos, los colegas, los compañeros de trabajo. Mienten a todo el mundo y especialmente a ellos mismos. El engaño es su modo de vida, de relacionarse, de estar en el mundo. José Luis y David vivieron sus particulares infiernos durante mucho tiempo. ¿Por falta de coraje? Quizá. El caso es que de la infelicidad uno nunca se recupera del todo.

La historia de Cayetano

Nací en Madrid hace 33 años, donde vivo.
Tengo una empresa de alquiler de coches.

Conocí a un tipo en un garito de ambiente del barrio de Chueca. El hombre, de 54 años, estaba viudo y era padre de tres hijos. Era de derechas y trabajaba como funcionario en un ministerio. Vivió con su mujer y sus hijos hasta que ésta murió. Tuvo todo tipo de escarceos homosexuales mientras estuvo casado. Le gustaba decir que en la época de Franco el paseo de la Castellana «era mucho más tranquilo y seguro, te daban hasta las buenas noches». Pero olvidaba siempre mencionar un detalle: él recorría el paseo en busca de chaperos. Y los encontraba, claro, y le daban las buenas noches y lo que pidiera a cambio de dinero. Cuando su mujer murió, se convirtió en un ejemplar padre de familia que tuvo que sacar adelante a sus tres hijos, un chico y dos chicas. Lo hizo sin dejar de lado su vida sexual, mantuvo incluso parejas estables. Tuvo como novio a un modisto muy conocido en la época, en Madrid. Ni su mujer lo supo mientras vivió, ni sus hijos lo supieron nunca.

Cuando le conocí no había salido del armario y se reveló como un enamorado de Isabel Pantoja y la Semana Santa sevillana. Los contrapuestos gustos musicales de ambos —a mí siempre me había gustado la islandesa Björk y él ni siquiera sabía quién era— no impidieron que la relación se mantuviera durante tres años. Tres años de ocultaciones por su parte, como siempre. Cuando alguna vez íbamos juntos a la casa y nos cruzábamos con alguno de los hijos, yo era presentado como un amigo o compañero de trabajo. Como él vivía con la hija menor, mayor de edad, nunca pudimos dormir juntos en la casa familiar y teníamos que tirar de casas de amigos o sencillos hoteles para estar juntos, porque yo trabajaba y vivía en una ciudad próxima a Madrid.

Sospeché pronto que mi amante me engañaba con otros tipos. Algunos amigos me habían insinuado que se lo habían encontrado casualmente merodeando por la Puerta del Sol, lugar de encuentro con chaperos que había sustituido a aquel paseo de la Castellana al que él acudía cuando estaba casado. Los hombres como éste, que engañan desde siempre a su entorno más inmediato, se convierten en unos mentirosos compulsivos, lo ocultan todo, lo enturbian todo, no saben instalarse en la verdad clara y convivir con ella. Son arquetipos: hombres mayores, que vivieron la vida que no deseaban y que se amoldaron cómodamente, que sortearon todas las sospechas que alguna vez los demás tuvieron sobre ellos, y que no han aprendido a comportarse ante los suyos, cortando de raíz cualquier cosa que pudiera ser verdadera. Hombres amargados, insatisfechos, que pueden volcar la mierda en el trabajo, o en los hijos, o en sus mujeres. Que suelen estar solos y que apenas son capaces de articular un discurso al que anclarse para ser al menos tímidamente dichosos.

Hubo una gran mentira, fuerte, poderosa, inefable, injusta, que descubrí a tiempo. Fue la última que me dijo. La historia entre ambos acabó. Seguro que él continúa diciéndolas, las mentiras, en las noches de Madrid.

La historia de José Luis

Nací en Santander hace 49 años. Soy médico
y vivo en Madrid.

David y yo nos conocimos en el instituto. Nos hicimos íntimos en primero y durante todo el bachillerato fuimos inseparables. Los dos decidimos estudiar medicina. En la universidad, en tercero de carrera conocí a Lucía y empezamos a salir juntos. Yo nunca había tenido novia, y apenas asuntos amorosos. Fue Lucía, más lanzada que yo, la que tomó las riendas desde el principio. Ella decidió cuándo y dónde íbamos a enrollarnos, cómo iban a ser nuestras citas. Planificó bastante mi vida y yo, como siempre, me dejé llevar. Me gustaba, sí. Era linda y divertida. No sé si la quería, no lo sé. Lucía ponía mucho orden, y entre sus prioridades no estaba la de dejar que mis apetencias tuvieran importancia. Así que me distancié de David, casi sin notarlo. Tras algunos meses, nos encontramos en una fiesta de la universidad. Yo estaba solo, Lucía no me había acompañado porque estaba enferma, y el reencuentro con David fue apoteósico. Nos emborrachamos juntos, como en los viejos tiempos, y anduvimos de juerga buena parte de la noche. En un momento determinado, a altas horas de la madrugada, se puso a llorar. Y balbuceó:

—... Estoy enamorado de ti... siempre lo estuve. ¿Lo sabes, no?

¿Lo sabía? ¿Quería saberlo? En décimas de segundo supe que sí, que yo también le quería, que este tiempo sin él había sido un tiempo muerto. David no era sólo el amigo de la adolescencia con quien había compartido muchas cosas. Era mi compañero. Nada más y nada menos. Algo que nunca podría ser Lucía. ¿Cómo habíamos llegado a aquello? ¿Por qué durante todos los años pasados no nos habíamos atrevido a hablar, a sincerarnos? ¿De dónde venía tanta cobardía? ¿De dónde tantos miedos? El caso es que le dije que yo también le amaba, que también le había querido siempre...

En aquel momento podríamos haber hecho dos cosas: o tirarnos a la piscina u olvidarnos de todo. Y no hicimos ni lo uno ni lo otro. Optamos por un camino absurdo pero fácil en principio, en lugar de enfrentarnos al mundo, a los nuestros e incluso a nosotros mismos. Recuperamos la relación poco a poco. David empezó a salir con la mejor amiga de mi novia y así pudimos guardar las apariencias. Todo era relativamente sencillo para nosotros. Planeamos incluso casarnos en la misma fecha, como un guiño cómplice entre nosotros. Y nos casamos. Nuestras familias asistieron divertidas a aquella boda doble y aquel doble viaje de novios. Con todo aquello habíamos evitado enfrentarnos a nuestras familias, renunciar a una vida cómoda, desvelar una verdad que nada tenía que ver con la educación recibida y que hubiera supuesto un hachazo para los nuestros.

Nunca hablábamos de si éramos o no diferentes, de si lo que hacíamos estaba bien o no. Simplemente vivíamos, nos dejábamos llevar, urdíamos tácticas para estar juntos sin levantar sospechas. No sé si nos creíamos distintos a los heteros por los que nos hacíamos pasar, pero tampoco nos considerábamos gays. Después de casados las cosas siguieron siendo igual de fáciles: trabajábamos en el mismo hospital, cada uno en su especialidad; compartíamos la afición por el deporte, y viajábamos juntos con nuestras mujeres. Visto desde fuera, todo era bastante idílico, una especie de relación perfecta.

Pasaron los años y seguíamos igual. Mentíamos continuamente, claro. Inventábamos congresos de médicos a los que acudíamos siempre juntos, inventábamos todo tipo de tramas para vernos. Engañábamos tanto que yo me acostumbré. Empecé a decir mentiras aunque no fueran necesarias, sólo por el placer de inventarlas, de componer una vida, de engañar a los otros, de colar como verdades falsedades tremendas. Al cabo de diez años de matrimonio, la mujer de David le dio un ultimátum. Llevaba un tiempo deseando tener niños y había llegado el momento definitivo: o tenían un hijo ya o quería el divorcio.

Me lo contó llorando una tarde que habíamos quedado en la piscina a la que íbamos a nadar dos veces a la semana. Y como años atrás, cuando me declaró su amor, también me pidió que diéramos un paso adelante.

—Pongamos fin a todo esto. Yo puedo hablar con Marta, si tú hablas con Lucía…

Le pedí que no nos precipitáramos, que después de tanto tiempo no debíamos hacer las cosas deprisa, que los nuestros no merecían ese mal trago… David era más valiente que yo, siempre lo había sido, y me contradijo. Me habló de lo maravilloso que sería poner fin a nuestros matrimonios y hacer planes juntos, vivir juntos, solos, sin nuestras mujeres. Me dijo que ya no necesitábamos siquiera el apoyo de la familia, que éramos adultos, que nos merecíamos una oportunidad para llevar una vida plena, que estábamos a finales del siglo xx…

Mientras me hablaba pensé en mi padre, en mi adusto padre, en ese catedrático de medicina forense envarado y poco amigo de las emociones. Y me vi a mí mismo sentado en su mesa de nogal de la biblioteca, contándole que era gay, que lo había sido siempre, que Lucía era una excusa, y que David y yo, sí, David, ese gran chico al que él siempre había tenido en tan alto concepto, era el amor de mi vida, y que íbamos a alquilar algo juntos para vivir como pareja…

Supe que nunca sería capaz de hacerlo. Supe que aunque David me suplicara, yo iba a quedarme quieto, como siempre, y que ni Lucía, ni mi madre, ni sus hermanas, ni mi padre iban a saber nunca quién era yo de veras. Todo lo más que sería capaz de hacer era separarme de Lucía con cualquier pretexto: ya no te quiero, querida Lu. Un recurso fácil.

David y Marta se separaron esas Navidades. Fue ella, finalmente, quien tomó la iniciativa, por la historia del hijo deseado, y David, claro, se dejó llevar. Nadie en el entorno entendió por qué David se negaba en redondo a tener un hijo, y estaba dispuesto incluso a sacrificar la relación con Marta. No hubo más drama, pareció natural el divorcio, por las necesidades distintas de ambos. Marta no hizo ninguna insinuación y David tampoco aclaró nada, ni siquiera en ese final que habría pedido alguna luz, alguna explicación.

Lucía y yo aguantamos un año más. Supongo que yo, inconscientemente, temía que alguien pudiera asociar las dos rupturas. David se había marchado a vivir a Madrid, y no resultó extraño que cuando yo me separé me fuera también a la ciudad. A todos les pareció lógico que David me buscara trabajo en el mismo hospital de la periferia donde él empezó su nueva vida laboral, y que me ofreciera cobijo en los supuestos duros momentos de la separación. Nuestra vida como pareja fue bien y mal. Era extraño que no tuviéramos que escondernos (aunque fuera de las paredes de la casa seguíamos siendo simplemente amigos) y que la cama fuera la cama de ambos. Era extraño ver nuestras ropas juntas, nuestros cepillos de dientes en el mismo bote. Era extraño no tener que mentir a tu pareja. Pero nosotros habíamos cambiado. Ya no éramos ni los adolescentes ni los jóvenes que se adoraban. Demasiada mentira, que hizo mella en nosotros y nos había convertido en dos seres desconfiados, desilusionados e incapaces para la felicidad. Estuvimos juntos cinco años, a veces a trompicones, durante los que todo se fue deteriorando. Así que acordamos separarnos.

Yo sigo solo, y David también. Creo que infelices, los dos. Nos vemos de vez en cuando pero ya no estamos enamorados.

Supongo que mató el amor tanta cobardía y tanto miedo, tantos recelos y tantos amagos. Pudo con nosotros, con nuestra intención de construir algo en común, tantos años viviendo una vida de fiasco. En casa, mi madre me sigue preguntando por él, y mi padre, antes de morir, me dijo que debería volver a casarme. Lucía ha vuelto a hacerlo. Y Marta tiene dos niños preciosos.

La historia de Jacobo

*Nací en Cuenca hace 34 años. Soy funcionario
en la Comunidad Valenciana.*

Juan era compañero de trabajo de mi padre y su hijo Nacho,
de mi misma edad, uno de mis mejores amigos. Crecimos juntos, estudiamos en el mismo colegio e incluso nuestras familias compartían las vacaciones en la misma casa en la playa, en
Guardamar del Segura. Fue precisamente allí, durante un verano, donde se produjo el acontecimiento que cambió mi vida
para siempre. No sólo a mí: a toda mi familia. Había descubierto en este pueblecito costero que después de la comida, en la
hora de la siesta, la playa cambiaba su geografía humana. Sobre todo a las afueras del término municipal, justo enfrente de
la pinada. Movido por una curiosidad casi infantil, me sorprendió encontrar un lugar de citas que me permitió conocer
el mundo del sexo en esos primeros años de adolescencia. Era
un ambiente morboso que después de varios años se convirtió
en un escenario casi familiar para mí. Estos escarceos veranie-
gos eran los únicos momentos en los que practicaba el sexo

con otros hombres. Allí me sentía protegido, en el anonimato, y durante el resto del año me negaba a mí mismo. En aquel paraje casi paradisíaco podía ser yo. Me encontraba con aquellos a los que durante el resto del día ni miraba, al coincidir en la playa o en el pueblo, pero que después de comer podía abrazar y sentir.

Pasaron los años, y una de esas tardes, cuando estaban a punto de acabar las vacaciones, descubrí sorprendido una figura entre los pinos que me resultaba familiar. Me mantuve a cierta distancia... ¡No podía ser!... Al cabo de unos minutos la figura se ocultó tras una duna. ¿Me estaba siguiendo?, me pregunté. O lo que era peor, ¿estaría allí también para desahogarse? Al cabo de unos segundos decidí abordarle en su escondite.

—Hola, Juan, ¿qué haces aquí? ¿No estarás espiándome?

—Perdona, Jacobo, no quería molestarte...

—No, no me molestas, pero...

—Verás, es que el otro día tu padre estaba preocupado por ti y me preguntó si mi hijo Nacho sabía algo de ti, de tu vida, de tus ausencias...

—¿De qué estás hablando?

—Sé que vienes a la pinada desde hace años.

—¿Qué quieres decir? —le pregunté igual de nervioso.

—Lo sé porque antes que tú ya venía yo. Sí, yo. Descubrí este lugar cuando tú eras un niño y observé cómo lo descubriste tú tiempo después.

—...

—Creo que deberíamos hablar como adultos, ¿no?

—Supongo que sí —dije yo, rendido.

—Antes que nada quiero confesarte que yo también soy homosexual. Pero has de entender que las cosas antes eran muy diferentes. No podíamos escapar, no teníamos más remedio que cumplir con lo que tenían preparado para nosotros. Y sí, me tuve que casar. Pero yo quiero a María y a Nacho, aunque nunca le haya sido fiel a una ni leal al otro. Y por supuesto, sin que haya conseguido ser feliz.

—Muy bien, ahora que me has contado todo esto, ¿qué va a pasar? —le dije yo un poco amenazante—. ¿Qué quieres que hagamos?

—Sólo me gustaría que no cometieras mis mismos errores...

—Bien, pero ¿qué es lo que quieres que haga? Y lo que más me preocupa, ¿tu qué vas a hacer ahora? ¿Lo vas a contar? Lo mío, digo.

Hablamos durante varias horas, con una confianza absoluta e insólita, arropados por aquel escenario mágico que invitaba a sincerarnos. Yo le conté mi intención de desvelar en casa mi identidad sexual, y él me advirtió de lo difícil que podían ser las cosas si estaba dispuesto a seguir adelante. Había oscurecido y estábamos solos. Nos quedamos callados después de tantas palabras y Juan me puso la mano en la cabeza y empezó a acariciarme el pelo, la cara. Yo tuve unas ganas repentinas de abrazarle, y cuando había decidido dejarme llevar me confesó que estaba enamorado de mí desde hacía años. Dicho así puede parecer una barbaridad; a mí me sorprendió, pero enseguida empecé a verlo natural.

—Llevo mucho tiempo esperando esto, quería que fueras mayor de edad para decírtelo. No podía más, Jacobo.

Le callé la boca con un beso intenso. Yo no le quería, al menos entonces, pero de pronto le deseé. Me había abierto su corazón, me sentí fascinado y me dejé llevar. Hicimos el amor por primera vez y nos fuimos a casa a destiempo. Acabaron las vacaciones y ya nada fue igual. Iniciamos una relación oculta y un poco tormentosa. Mis relaciones familiares se enturbiaron por mi cambio de vida y de costumbres. Y la de Juan también. Estuvimos en la clandestinidad durante muchos meses. Juan inició los trámites de separación y nuestra relación se fue consolidando poco a poco. Mis ausencias de casa, cada vez más frecuentes, eran una continua fuente de problemas.

Al cabo de un año casi, Nacho, el hijo de Juan, el amigo del que me había distanciado casi totalmente, me llamó un día para tomar unas cañas. Sin preámbulos, me dijo que sabía lo mío con su padre y que nunca me perdonaría que hubiera provocado su divorcio. Estaba muy cabreado y me amenazó con contárselo a mis padres si no abandonaba a Juan. Intenté calmarlo pero se puso en pie y me dio un ultimátum.

—O en una semana zanjas la historia con mi padre, o los tuyos se enterarán de todo.

Dio media vuelta y se marchó.

Llamé a Juan para contárselo, muy alterado, y me pidió que fuera a su casa. Allí me tranquilicé. Juan sabía que esto podía ocurrir en cualquier momento —me lo había advertido muchas veces— y estaba dispuesto a hablar con su hijo primero y después, si las cosas no se solucionaban, hacerlo con mis padres. Le dije que con mis padres hablaría yo, que era mayor de edad y responsable de mis actos. Y así lo hicimos. Nacho no entró en razón y la reacción de mis padres cuando se lo conté fue furibunda. Mi padre amenazó con ir a buscar a Juan para darle una paliza. Le acusaba de haberle traicionado, y lo que era peor, de haber forzado a su hijo. La situación en casa se hizo insostenible y Juan y yo decidimos que había llegado el momento de irnos a vivir juntos. Cuando se lo comuniqué a mi familia se produjo la ruptura definitiva. No he vuelto a casa de mis padres —va para seis años— y sólo en contadas ocasiones he tomado café con mi madre. Mi padre y mi hermano mayor se han negado a tener contacto conmigo.

Supongo que aquel verano empecé a perder a mi familia sin saberlo. Ahora tengo otra, la que he construido con Juan y mis amigos. Algunos incluso comunes. No me arrepiento de nada. A veces siento nostalgia, sí, y me gustaría tener cordialidad con los míos, pero esto es lo que hay. Juan llegó en el momento justo. A veces me reconforta saber que siempre estuvo ahí, desde que nací. Me hace sentirme seguro, protegido. Me dobla la edad, vale, pero nos queremos y eso nos ha servido para vencer las amarguras que han provocado los otros seres queridos que, como no nos entendieron, decidieron borrarnos de sus vidas.

XII

Las horas en el diván

Eso mitigaba bastante mi capacidad de sentir,
pero al mismo tiempo me privaba de toda sensación de futuro y, cuando alguien no espera nada,
más le valdría estar muerto.

PAUL AUSTER, *El libro de las ilusiones*

Sabemos que los padres de muchos gays, cuando intuyeron o supieron cuál era la condición sexual de sus hijos, les animaron a ir al psiquiatra, para «curarse». Algunos de esos padres lo pensaban de veras, lo de la curación: puesto que la homosexualidad es una enfermedad —así constaba hasta hace poco menos de veinte años en la OMS—, un médico puede diagnosticarla y medicarla para que el hijo enfermo sane. Las visitas a esos psiquiatras siempre salían mal, claro. No había nada que curar. Y por eso en el mundo gay existe una cierta animadversión a visitar los divanes mientras se es joven. Pero luego, alcanzada la madurez, uno se da cuenta de que las nuevas terapias de psicología, las sesiones de charlas, tienen de pronto el sentido contrario: estoy orgulloso de ser homosexual, no quiero curarme de nada, pero necesito no sufrir por esto y quiero que me ayudes. Como le ocurrió a Luis, a quien la psicóloga que lo escuchó casi le salvó del abismo.

La historia de Luis

Nací en Barcelona hace 47 años. Me fui a Madrid
por razones laborales, soy periodista, y allí sigo.

Mirem tiene su consulta en la calle Velázquez de Madrid, frente a la embajada de Italia. La sala de espera es sencilla, discreta, moderna, minimalista. Un amigo mío, también psicólogo, me la recomendó.

—Es estupenda, ya verás como te gusta. Le he hablado de ti. Te parecerá divina. Todos los que conozco que han ido a verla están encantados —me dijo.

Llegué un martes 23 de enero a las ocho de la tarde. Era la última consulta. La única hora que tenía libre desde hacía mucho tiempo. El trabajo me tenía machacado, y mi vida privada era un auténtico desastre. Llevaba meses sin salir a cenar, ni al cine. Meses sin relacionarme más allá de la redacción del periódico, de las reuniones con los otros jefes de sección. Con la libido por los suelos. Me costaba levantarme, a veces lloraba sin venir a cuento. Pero tampoco estaba deprimido, aquello era otra cosa. Era algo así como una especie de derrota íntima, como si todos los malos momentos vividos durante años se acumularan y no dejaran paso a nada más. Pensé que lo de la falta de deseo sexual era suficientemente importante como para pedir ayuda. Y llegué a la calle Velázquez. Me senté en el sillón, junto a la mesa, y ella dijo:

—Bueno, me ha dicho Alfonso que estás preocupado por algún problema sexual...

No sabía cómo empezar. La miraba, balbuceaba. Era una mujer impecable, de unos 40 años, elegante, atrevida. Ese día llevaba una buena minifalda, aunque sin pasarse, y a mí me hizo gracia. Yo, que debía estar contándole asuntos complejos, reparé en sus zapatos de tacón y en el anillo verde relleno de agua que burbujeaba cuando ella movía las manos. Se dio cuenta de la dispersión y me centró:

—Quiero que sepas que no soy sexóloga, soy psicóloga, especializada en terapias de pareja y sexuales... Así que, si quieres, empezamos por el principio.

¿El principio? Dios mío, ¿qué principio?, ni que fuera fácil... Evidentemente no estaba allí porque no tuviera ganas de follar; no, estaba allí porque estaba muerto por dentro. Cero capacidad para la alegría, para el entusiasmo; una congoja vital arrolladora, destructiva, que podría acabar conmigo en cualquier momento si no lo remediaba. Lo jodido de todo el asunto es que yo lo sabía; pero, claro, ahora además tenía que explicárselo a aquella mujer afable que seguía moviendo el anillo. Así que, para empezar con buen pie, me puse a llorar. Pero no como siempre. Fue un llanto más intenso, más íntimo, más descontrolado. Ella era una extraña, no sabía nada de mí y yo había tenido a lo largo de mi vida miles de motivos para el llanto. Podía empezar por el principio, como ella quería. Había llegado el momento de ordenar las causas, de ponerle freno a la desdicha, y de contar, de contar, de contar, de decir, de decir, de decir, de confesar miserias, dramas pequeños y grandes, derrotas, insatisfacciones; de condensar en frases experiencias vitales enteras, malas, peores; de explicar que yo lo que quería era lo que quieren todos: que mis padres me quisieran.

Pero todo eso no lo dije aquel día; aquella tarde sólo lloré, gasté muchos pañuelos de papel, y le pagué, sólo por las lágrimas, la elevada tarifa de la consulta. No le aporté nada a la psicóloga para que pudiera elaborar su terapia. Volví el martes siguiente y otros tantos. Cuando yo me estancaba, Mirem siempre decía: «No te preocupes, que tenemos tiempo». Claro, pensaba yo cuando me ponía prosaico, como no lo pagas tú…

Acudí a Mirem todos los martes de los dos años siguientes, durante los que quedó clara la verdad suprema: nunca he sabido resolver la relación con mis padres. Cuando me enfrentaba a la realidad —aceptarme como homosexual— creía que cuanto menos implicase a mis padres mejor que mejor. Sabía que plantear el tema nos alejaría. Mi padre, notario; mi madre, anclada en un pasado remoto y religioso, con todo tipo de miedos. Notaba su rechazo aun antes de verbalizar nada, y sufría. Y sabía que para poder vivir de veras tenía que alejarme de ellos. Pero el distanciamiento también pesa mucho, sigue pesando aún. He intentado a veces recuperar el tiempo y la proximidad perdidos. Una tarea casi siempre imposible. Y sentir la distancia me ha hecho infeliz.

He tratado de hablar con mis padres de mi vida, muchas veces, pero siempre he encontrado esta respuesta, o bien directa o bien indirectamente: «Preferimos no saber nada». Sobre todo por parte de mi madre. Esto me ha hecho sufrir tanto... Ahora ya no. O quizá es que me he acostumbrado, y lo paso de otro modo. De todas formas, es mejor así. Encontré otra familia, formada por amigos: ellos sabían de mi vida, sabían quién era y todo les parecía normal. Los domingos a menudo viajo a la casa de mis padres para comer con toda la familia, y en el tren voy recomponiéndome, recolocando posturas, ensayando una vida plana, diferente a esta vida segunda, que es la elegida. Llego a mi casa con el postre envuelto que compro en la pastelería San Onofre de Madrid. Mi madre me abre la puerta y me da dos besos en las mejillas. Dejo los periódicos en el salón y la acompaño a la cocina, donde está dando las últimas instrucciones a la chica que está preparando la comida desde primera hora de la mañana. Yo comienzo la retahíla de preguntas sobre toda la familia, padre (que a esas horas suele haber salido a dar un paseo), hermanos, sobrinos, primos... También me intereso por las novedades que puede haber habido en el entorno durante la semana, y que siempre son más muertes que nacimientos.

El vacío se llena con ese torrente de cuestiones por mi parte. Mi madre no pregunta apenas, sólo cuenta esas cosas domésticas que tan poco me importan. Por supuesto, nunca se interesa por mi vida personal. Nunca ha mencionado «Roberto» o «Mauro» como mis parejas, o simplemente «Fernando» como un amigo de toda la vida. Tampoco pregunta por la casa, ni por las vacaciones, ni por el futuro. A lo más que llega es a interesarse por el trabajo, que para ella es lo más importante. Aun en el caso de que fuera hetero, como mi hermano, seguiría pensando que la vida laboral es la que importa: ser un hombre de provecho. Notario, como mi padre.

Sé que todo esto me ha marcado toda la vida. La educación que me han dado ha hecho de mí una persona airada, casi insatisfecha permanentemente, recelosa, y a ratos mezquina.

Uno de esos martes por la tarde, Mirem me puso un ejercicio práctico, que yo en principio recibí como una gran putada.

—El domingo que viene, cuando vayas a comer a casa de tus padres, les vas a decir que eres homosexual. Tenemos que decidir cuáles van a ser las frases que vas a utilizar y cómo vas a prepararte emocionalmente.

Yo me asusté y me bloqueé, y ella insistió.

—Imagínate que estás en el salón de tu casa con tus padres. ¿Cómo te gustaría contárselo? ¿Con qué palabras?

Yo no tenía palabras, no las había tenido nunca y no las iba a tener ahora… Sólo podía imaginar las que me hubiera gustado escuchar de ellos. Mirem me presionaba, pero yo no alcanzaba a decir nada. Ella me dijo que todo era miedo, y que la clave para salir del atolladero sólo era una.

—Por mucho que tú desees decirles la verdad, no vas a conseguir que ellos reaccionen como a ti te gustaría, es decir, con agrado, positivamente; así que o estás preparado para un no, o no puedes hacer nada. Bueno, sí, dejar de sufrir por esto.

¿Por qué aquella reflexión, que puede parecer simple o sencilla, tuvo un efecto tan balsámico? No lo sé, pero el caso es que yo desistí del empeño de que «mis padres lo supieran» y dejé de machacarme por ello. ¿Cómo lo hice? ¿Con qué nuevas armas? ¿Qué resortes tocó Mirem? No lo sé, la verdad, pero la nueva situación me liberó casi definitivamente, y me permitió llevar adelante asuntos sobre mi homosexualidad que hasta entonces habrían sido impensables para mí. Comencé a ser activista de los derechos de los gays de manera notable y un día, tranquilamente, invité a mis padres por primera vez a visitar mi casa, la casa que compartía con Mauro desde hacía años. No pasó nada, todo fue bien. Ellos no preguntaron. Mauro estaba en casa, se saludaron fríos. Enseñé mi nuevo hogar sin detenerme en los detalles. Al llegar a nuestra habitación, y después de haberles mostrado las otras dos, simplemente dije:

—Éste es el dormitorio principal.

Mi madre lo miró apenas de reojo, como con desgana, callada, y mi padre hizo un comentario sobre lo grande que era el vestidor.

La casa era amplia y el jardín estaba muy cuidado, de modo que mis padres estuvieron bastante satisfechos, dentro de lo que cabe. Comimos en el porche. Mauro, que cocinaba muy bien, se esmeró bastante. ¿De qué se habló? Lo recuerdo vagamente, yo estaba incómodo pero relativamente tranquilo. Y ellos supongo que también. Tras esa visita no hubo muchas más. A Mauro siguieron sin citarlo. Cuando yo acudía a comer no había ninguna pregunta sobre el tema ni sobre la casa vivida a medias. Pero ya no me hace falta, o al menos eso creo.

XIII

Quiero un hijo

Los menores adoptados por parejas homosexuales son cobayas humanas, experimentos, que el día de mañana van a salir psicológicamente mal. ¿No es el derecho del menor estar en una familia normal? El ambiente homosexual aumenta sensiblemente el riesgo de que los menores también lo sean.

El juez FERNANDO FERMÍN CALAMITA, acusado de retrasar el expediente de una mujer que quería conseguir la adopción de la hija biológica de su compañera sentimental. Finalmente, la adopción se llevó a cabo

No sólo se quieren, no sólo se casan. Además, algunos desean ser padres. Lo tienen todo a su favor para serlo: capacidad emocional, empatía, instinto, sentido común, solvencia económica incluso. Pero las trabas son terribles, inmensas. Y provocan verdaderos quebrantos. La ley, la famosa ley, resulta insuficiente para ellos: pueden recurrir a la adopción nacional como pareja, pero la internacional, que todavía es más amplia y más rápida, les está casi vetada. Por eso muchos han de hacer trampas y solicitarlo como monoparentales, y negar incluso su identidad sexual. Hay algunos, como Carlos, que quieren ser padres desde siempre y están dispuestos a casi todo para conseguirlo. Él, por su posición económica, podría incluso «comprarlo», pero no quiere saltarse las normas, quiere ser como todos los demás padres del parque.

La historia de Carlos

Nací en Madrid hace 39 años. Soy representante
de una empresa de alimentación. Viajo mucho pero vivo
en la sierra de Madrid.

Una mañana nos despedimos para ir a trabajar, como hacíamos a diario, y pocas horas después recibí una llamada. El coche que mi madre conducía se había estrellado en la M-30. Yo tenía 25 años y continuaba viviendo con mis padres. Nunca dije en casa que era homosexual, pero ella siempre me trató como si lo fuera. Después de una noche de juerga, por la mañana, cuando desayunábamos juntos, mi madre, antes de que me marchara a trabajar, me corregía las ojeras con el maquillaje.

—Ven, no vayas así a trabajar —me decía mientras sacaba de su estuche el corrector e iluminaba la cara de su hijito del alma.

Yo solía contar esta historia de complicidad a mis amigos, que la escuchaban con envidia y desconcierto. Ninguno de ellos había tenido nunca escenas parecidas ni con maquillajes correctores, ni con ropa, ni con gestos. Todo lo contrario. La mayoría encontraban sólo recelos. Mi madre me regalaba chaquetas de colores, llamativas, ropa interior de marca. Yo sabía que ella *sabía*, y a menudo lo comentaba con mis amigos.

—A mi madre no hace falta que le cuente nada, es evidente. Además, las madres lo saben siempre.

—La mía ni lo sospecha. No se le ocurriría nunca ponerme corrector de ojeras —decía alguno.

—Y tú, Carlos, ¿por qué no se lo explicas literalmente? Por lo que dices, lo va a entender sin problemas.

—Porque ya te digo que no hace falta, de verdad, es como un acuerdo tácito. Fíjate, acuérdate de la cazadora plateada de Versace que me regaló por mi cumpleaños.

—Bueno, a lo mejor sólo es una cuestión estética, no va a más. Sabe que eres presumido y no le da más vueltas. Una cosa no tiene por qué llevar a otra.

—Que no, que no. Mi madre sabe que soy gay y punto, no te compliques.

De todos modos, visto desde hoy, que ella ya no está, cuánto me hubiera gustado contarle a mi madre la verdad con adjetivos y ver su cara, y esperar su risa, y sus abrazos, su consentimiento, su compañía. La hubiera tenido sin duda. Pero no lo hice, nunca me atreví, y eso que lo tuve fácil. Los últimos años, antes de que muriera, habrían sido diferentes si le hubiera hablado claro. Habríamos podido compartir mis dudas, mis inseguridades, mis alegrías. Le habría pedido opinión, la habría escuchado, nos habríamos entendido mejor aún. Y ella se habría marchado sintiéndose más cómplice, más útil, más madre. Y yo la recordaría con más dulzura aún. Me habría aconsejado sobre los chicos que conocía. Le podría haber presentado a Gustavo, el compañero de profesión con el que estuve saliendo durante casi un año y que tan buenos ratos me dejó. No tenía nada que ver con los hombres que me gustaban. Mayor que yo, habría compartido con mi madre el gusto por los libros de las hermanas Brontë, por ejemplo. Gustavo era ideal. Aunque siempre intuí que acabaría dejándome, el tiempo que compartimos fue de las mejores cosas que me han pasado. Si se lo hubiera podido contar a mi madre, me habría dado pequeños consejos: me habría dicho que no le dejara escapar, que era un tipo perfecto para mí. Ella no reconocía mis propias limitaciones, claro, y no podía pensar que Gustavo estaba por encima de mí en todos los sentidos. Y luego, cuando me dejó y yo me hundí, ojalá hubiera podido llorar en su regazo, que estaba siempre dispuesto para todo. En cambio tuve una época oscura, irascible, y ella, que no entendía por qué ese cambio repentino en mi temperamento, tuvo que aguantar mis impertinencias con resignación maternal.

Creo que heredé de mi madre muchas cosas (casi todo lo bueno que tengo es de ella): el gusto por la estética, la coquetería (jamás la vi desconjuntada), la ternura. Y lo más importante: el instinto maternal. Ella adoraba a los niños. Sólo pudo tener un hijo, pero a cambio crió y cuidó a sobrinos, primos, hermanos pequeños, y siempre estaba rodeada de mocosos. Mi casa solía ser una fiesta continua. Como a mí me gustaban mucho también, organizábamos meriendas y juegos para los niños de la familia, que jamás querían irse cuando sus padres llegaban a recogerlos. Al marcharse, en el silencio de la casa, ella habría podido preguntarme cuándo iba a darle nietos, pero nunca lo hizo.

Eso también me habría gustado. Tener un hijo, darle un nieto a mi madre. Creo que lo tuve claro desde siempre, desde que era un chaval. Mucho antes de que ni por asomo existiera esa posibilidad, solía comentarlo con mis amigos. Parecía que sólo yo tenía esa necesidad.

—Me encantaría, la verdad. Sueño con ello —solía decir yo.

—¡Qué dices! ¿Cómo? ¿Tú crees que nos van a dejar tener niños? Pensarían que somos pederastas.

—Bueno, igual algún día las cosas cambian. Para poder adoptar a solas, por ejemplo.

—Niños, qué horror —decía alguno—. Toda la casa llena de migas, berrinches por la noche. Ni pensarlo.

—Pues a mí incluso me gustaría sentir un embarazo —decía yo.

—¿Estás loco? ¿Y tu cintura? ¿Y tus abdominales?

—Pues yo creo que serías un padre ejemplar, mucho mejor que algunos heteros que conozco y que han tenido hijos por inercia, sin desearlos de veras —me contestó uno de mis amigos más sensatos.

El mismo que apuntó por primera vez que para lograr eso que yo quería, tener un hijo, habría que luchar duro.

—Yo me implicaría hasta el final por nuestros derechos a ser iguales, aunque sólo fuera para que tú consiguieras lo que te mereces —me contestó.

Cuando mi madre murió, mi padre y yo seguimos viviendo juntos en la casa familiar hasta que él se marchó también, hace diez años. Él tomó el relevo de mi madre y fue testigo de mi vida. Nunca habíamos hablado, por supuesto, de nada personal. No sé si ellos dos lo habían comentado alguna vez, pero el caso es que a partir de aquel momento asistió, como un compañero vital, a mis idas y venidas, a mis devaneos. Sin preguntas, y desde luego sin respuestas. Quedamente. Conoció incluso a alguno de mis novios, sin ponerles nombres, claro, ni atributos. Tras el accidente, su estado de salud se deterioró mucho. Creo que no pudo soportar la ausencia de mi madre y se fue apagando. Yo le asistí como pude e incluso compartí con la que en aquel momento era mi pareja los cuidados hasta el final. Manuel, que es hoy mi novio oficial, me acompañó en casa y en el hospital durante los últimos estragos de la enfermedad de mi padre. Los dos tenían una buena relación. Él se dejaba querer por Manuel, se dejaba cuidar, pese a que nunca preguntó en calidad de qué estaba allí, por qué dormía en casa, por qué hablaba con los médicos. Un día, en la habitación del hospital, estaban a solas y mi padre le dijo a Manuel:

—Cuida de Carlos. En el fondo es un niño… y se queda solo.

Cuando Manuel me lo contó, me puse a llorar y entendí algunas cosas y evoqué otras: lo de mi madre, por ejemplo, lo de guardar silencios absurdos, los arrepentimientos por lo no dicho, por lo no compartido.

Mi padre murió. Manuel y yo queríamos casarnos. En 2005, cuando se aprobó la ley de matrimonio entre personas del mismo sexo, estuvimos a punto de hacerlo, pero un amigo nos advirtió de que con la boda se complicaba la posibilidad de adoptar un niño en un país del Este. Así que pospusimos la boda y yo inicié los trámites de adopción, sin imaginar lo duro que podría llegar a ser, algo que a otros seres humanos les resulta tan fácil. Empezaron las trabas en la primera oficina a la que acudí. La chica que me atendió dio todo tipo de giros verbales para confirmar de alguna manera que yo no era homosexual. Ya me habían advertido de que era imprescindible que mintiera sobre ese asunto. Llegué incluso a firmar dos documentos negando mi condición sexual y aseguré lo contrario a lo que soy delante de dos psicólogos de la entidad que tramita la adopción. Llevamos tres años largos y tediosos redactando informes ante notarios, pidiendo cartas de recomendación, soltando dinero... Y seguimos sin tener una respuesta clara. Mientras dura esta especie de calvario, me encuentro con mujeres embarazadas por todas partes y miro embelesado y rabioso sus tripas abultadas. E imagino la cara de mi hijo, lo que voy a contarle. Invento conversaciones que mantengo con el niño deseado, y le pregunto a Manuel una y mil veces qué nombre le gusta más o si preferiría un chico o una chica. Nos han recomendado incluso que dejemos el Este y optemos por China, pero... yo soy rubio, tengo los ojos azules, y sé que a mi madre le habría gustado tener un nieto así. Estoy seguro.

XIV

El sida que nos hizo culpables

No fue hasta el año 1973 cuando la homosexualidad dejó de considerarse un trastorno mental
con diagnóstico propio, según la Asociación Psi-
quiátrica Americana. «El éxito más importante
de la medicina del siglo xx —ironizó William
Faulkner—, porque millones de personas en
todo el mundo se curaron ese día.»

ALBA PAYÁS PUIGARNAU, «Antes muerto
que gay», *El País*, 10 de mayo de 2008,
suplemento de Salud

De pronto un día, por si no había bastante con la culpa de ser diferentes, todos les señalaron con el dedo: por ese vicio de la homosexualidad enfermaban de una dolencia letal que se llamaba sida, y que casi no se podía nombrar por lo que significaba. Un nuevo estigma que abatir, un nuevo motivo para mentir, para sentir el rechazo de propios y extraños. Acudir al hospital a hacerse las pruebas, recoger esos sobres en solitario, temblar a solas también ante el diagnóstico, medicarse y tratarse a escondidas y, en el peor de los casos, empezar a morirse sin el amor de los tuyos, que sólo en los finales tremendos pueden encontrar alguna palabra, algún gesto de amparo. Pero ya no sirven, en esos momentos ya no sirven. Visto desde hoy, todo parece más fácil, porque el sida ya no es lo que era (ahora ya todo el mundo sabe que lo contraen hombres y mujeres heteros, y no sólo por transmisión sexual), aunque el miedo sigue casi intacto. Adolfo, Alfredo y Jaime son sólo tres historias, pero el sida sigue marcando la vida de muchas personas.

La historia de Adolfo

*Adolfo nació en Toledo hace 52 años. Vive en Madrid
y es abogado.*

—Estamos en Madrid. Han ingresado a Adolfo en el hospital Carlos III... —me dijo por teléfono María José, la mujer de mi amigo.

Era el único centro para enfermos de sida que había en Madrid, así que no hicieron falta más datos. Acudí a la cafetería del hospital donde había quedado con María José, que estaba embarazadísima. En cuanto nos vimos empezamos a llorar. Ambos éramos cómplices, amigos y compartíamos un mismo secreto: sabíamos que Adolfo era bisexual, que tenía aventuras frecuentes con hombres y mujeres y que el sida era fruto de eso.

—Hace dos meses que me dijo que se había hecho las pruebas y que le habían dado positivas. Creí que me moría, ya sabes la ilusión que me hacía este embarazo... Me hice los análisis, y no, el niño está bien. Pero hace unos días él se empezó a encontrar mal y el médico le dijo que tenía neumonía y que debía trasladarse a Madrid. Está cada día peor y no sé qué hacer. Nadie más lo sabe, lo del sida, quiero decir; ni sus padres, ni sus hermanos, ni mi familia. Por eso te he llamado, necesito que me ayudes con esto. Tú conoces a la familia de Adolfo; habla con ellos, diles que tiene un virus, que tiene que estar en cuarentena, no sé; yo soy incapaz; si los veo voy a desmoronarme. Y desde luego no soportaría que vinieran a Madrid.

Adolfo estaba en la habitación 134, acompañado de otro paciente de sida, en fase terminal. Me puse la bata verde, la mascarilla, el gorro y entré a ver a mi amigo, que sonrió cómplice y sereno.

—De ésta no me voy a morir, no te preocupes. Y no llores, que ya te veo la intención…

No lloré porque no pude. Miré al compañero de habitación; pensé que quizá al cabo de un tiempo Adolfo podría estar como él, y se me congeló el llanto. Me quedé bloqueado por dentro, aunque intenté que ni él ni ella me lo notaran. Ésta fue la primera bofetada que me dio el sida. Antes, sabía de él por lo que todos contaban, pero siempre me había sonado ajeno. Hasta ese momento ningún amigo, ni conocido, había caído en esa trampa. Adolfo siempre había sido una especie de héroe: se había tirado a todo lo que había querido, y encima su mujer siempre lo había tolerado, entendido… Nunca pensé que le podía pasar factura todo aquello. A saber a cuántos podía haber contagiado… No sé, de pronto el peligro real cobró vida y yo me acojoné bastante, no sólo por lo que pudiera pasarle a Adolfo sino por mí mismo, por los que me rodeaban…

Días después me fui al Centro Sandoval, que en aquella época era el único centro de Madrid donde se hacían pruebas del sida, y me las hice. Salió negativo, y me puse a llorar. Cómo no. Después de aquello me dediqué a convencer, obligar, animar a diferentes amigos para que descartaran las dudas.

La historia de Alfredo

Tengo 40 años, nací en Huelva, soy fisioterapeuta
y vivo en Madrid.

Mi amigo Daniel se había puesto tan pesado que fui a hacerme las pruebas. Me acompañó a recoger los resultados y me esperó en la antesala de la consulta. Entré solo. Me senté y el médico me dijo que era positivo. Poco después me quedé en blanco escuchando una perorata que, según Daniel, duró casi una hora y en la que, desde luego, se temió lo peor. El médico seguía hablando, yo sólo veía una foto a su lado de un chico que sonreía junto a la torre Eiffel. Y un bote azul con lápices de colores. No sé qué pensaba, creo que nada en concreto. En un momento se me fue la mente y me acordé de que tenía que pasar por la tienda de Adolfo Domínguez a recoger los pantalones que me había comprado la semana anterior, y que había dejado allí para que me arreglaran los bajos. El médico se puso de pie y yo volví a la consulta, me dijo que tenía que pedir hora para dentro de unos días. Me acompañó a la puerta, la abrió y me dio la mano al despedirse. Vi a Daniel con la cara desencajada, me fui hacia él, le abracé y ambos nos pusimos a llorar. Le odié por haberme obligado a hacerme las pruebas, por haberme acompañado al centro y a la consulta a recoger los resultados. Por su culpa, de pronto, quizá iba a morirme. Sólo tenía 19 años. Y yo quería seguir viviendo. Quería recoger los pantalones y comprarme otros muchos, y marcharme de vacaciones, y celebrar por todo lo alto el siguiente cumpleaños en el local de moda. Quería vivir, hostia, vivir. Y Daniel era el responsable de que eso pudiera no ser posible.

Salimos del centro de la calle Sandoval sin decir nada. Yo estaba realmente jodido y furioso. Al llegar al primer semáforo le dije que ojalá le hubiese contagiado el sida a todos los que me había tirado. Sé que fue una frase estúpida, cruel, pero en aquel momento lo sentía de verdad. Y creo que en el fondo deseé habérselo contagiado a Daniel también, aunque nunca me hubiera acostado con él. Caminamos en silencio hasta el Retiro y allí, sentados en un banco, Daniel intentó serenarme. Me explicó lo que estaba pasando.

—Nos podría haber pasado a cualquiera, Alfredo. Y tú has jugado mucho para que te pasara, ya lo sabes.

—Pero es que me voy a morir —le dije yo.

—No, no te vas a morir, ahora lo que tienes que hacer es madurar, crecer y cuidarte para frenar la enfermedad.

El resto del día lo pasamos juntos. Daniel me agotó. No tenía fuerzas para volver a casa de mis padres. Vivía todavía con ellos. Y por supuesto, ellos no sabían nada de mí, ni de mi vida sexual, ni de nada. ¿Cómo iba a decirles que tenía sida, una enfermedad que sólo contraían los «maricones»? Antes de subir al taxi le pedí a Daniel que me guardara los resultados de los análisis. No quería llevarlos a mi casa. Esa noche mis padres habían salido a cenar y sólo estaba en casa mi hermana mayor, que entonces opositaba para notarías y siempre estaba estudiando. Nuestra relación no era buena; yo era todo lo que ella no soportaba: indisciplinado, irresponsable, frívolo. Y encima mis padres me lo consentían. Ella había sido siempre ejemplar, en los estudios, en su comportamiento. Algo debió ver en mi cara al entrar para que aparcara los apuntes, se levantara de la mesa de estudio y me preguntara si me pasaba algo. ¿Qué me llevó a contárselo precisamente a ella, con la que apenas cruzaba unas cuantas frases durante las comidas o las cenas en familia? ¿Cómo pude, de golpe, decirle a mi esquiva hermana mayor, futura notario, que era gay, que siempre lo había sido, que me acostaba con hombres desde hacía años —algunos, incluso, compañeros suyos de facultad— y que tenía sida?

Bien, el caso es que lo hice. Ella no pareció inmutarse, desde luego no se indignó, ni reaccionó de mala manera. Me dijo que contara con ella para cualquier cosa, me abrazó, y noté en su mirada toda la compañía que hubiera necesitado aquella noche, y el resto de mi vida.

A partir de ese momento todo cambió. Dejé de salir tanto (yo, que no pasaba dos noches seguidas en casa), me quedaba horas mirando la tele (yo, que la odiaba), sin comunicarme. Y mi madre empezó a preocuparse y a interrogarme. Le decía que me encontraba mal, que me dolía la cabeza, y ella insistía para que fuera al médico. Empezó a vigilarme, al menos así lo sentía yo. Intentó un acercamiento.

—Hijo, ¿te has enamorado de alguna chica? —me preguntó un día.

—Nooo, mamá, sólo faltaba eso —contesté sin pensarlo.

—¿Sólo faltaba? ¿Sólo faltaba, por qué? —me dijo.

—Por nada, mamá, es una forma de hablar.

—Pues a ti te pasa algo, y si no es una chica, ¿qué es? ¿No te estarás drogando?

—¡Pero qué dices! No, mamá, no...

—Pues qué te pasa, cuéntamelo, ¿es que no confías en mí?

Confiar en ella, ¿cómo iba a confiar en ella? Harto del acoso maternal, del encierro voluntario, de la soledad, decidí retomar el hilo de mi vida y echarme a la calle. Para lo de siempre. Aunque esta vez tomé todas las precauciones. Cuando alguna relación tenía pinta de ser algo más que el rollo de una noche, yo solía contarles la verdad: soy seropositivo. No todo el mundo reaccionaba bien, desde luego, pero yo me quedaba más tranquilo. Y no perdía nada, en cualquier caso.

Mi madre, ilusa, dejó de preguntarme y todo volvió a la normalidad. Alguna vez, durante sus interrogatorios, mi hermana me miraba y me sonreía cómplice. Sólo de vez en cuando me preguntaba por mi salud. Una tarde que mi madre creyó que no estaba en casa, la oí hablar por teléfono con Matilde, una de sus amigas.

—Yo creo que ya está bien; desde luego la chica esa, fuera quien fuese, le afectó bastante. Pero en fin, ya vuelve a salir por las noches, así que dentro de nada supongo que tendrá otra novieta. Igual dentro de nada te invito a la boda. Con las ganas que tengo de vestirme de madrina...

La historia de Jaime

*Nací en Valencia hace 41 años. Vivo en París
y soy enfermero.*

Tenía 18 años cuando dejé mi casa, la casa de mis padres. La situación era por entonces insostenible. Hacía un par de años que había conocido al hombre de mi vida. Era profesor de literatura en el instituto. Mayor que yo, por tanto. Durante esos años nunca llegamos a nada. Nos confesamos el amor que nos teníamos, pero él no permitió que hubiera nada más. Era muy estricto y se negó a tener una relación conmigo mientras yo fuera alumno del centro. Así que me dediqué a esperar. A cumplir años y a acabar mis estudios en el instituto. Se llamaba Jon y también prometió que me esperaría. Cuando acabé COU, con buenas notas, él me hizo el mejor regalo del mundo. Pasamos un fin de semana en un hotel de la sierra. Yo había tenido algunas relaciones esporádicas pero ninguna como ésa. Había valido la pena esperar todo ese tiempo. Me propuso que nos fuéramos a vivir juntos y yo le dije que sí, sin pensar en lo más importante, mi familia.

Yo no tenía una buena relación con mis padres. La adolescencia había sido muy dura y los años de instituto todavía más. Durante años no dejaron de insistir en lo que yo significaba para ellos y lo que debería ser en el futuro, si quería complacerles. Mis padres son abogados y tenían muy claro que querían perpetuar la especie. Sin embargo, ésos nunca fueron mis planes; al contrario, me repugnaba ese mundo. Yo quería estudiar enfermería y eso les parecía poco para mí. Mi padre me había amenazado en varias ocasiones con no pagarme los estudios para hacerme desistir de mis intenciones. Él siempre me hacía chantaje emocional y me responsabilizaba del futuro de su despacho de abogados que tantos esfuerzos le había costado mantener. Nunca cedí a sus pretensiones. Mi madre tampoco me apoyó; daba siempre la razón a mi padre y no paraba de interrogarme sobre si tenía novia o no. Las cosas empeoraron cuando, después de ese fin de semana con Jon, me planté ante ellos y les dije que me iba a vivir con «mi amigo». No di más pistas, pero supongo que a estas alturas estaba todo claro. Se quedaron paralizados. Mi padre fue el primero en reaccionar, con una violencia fuera de lo normal. El ilustre abogado se levantó y se abalanzó sobre mí. Era la primera vez que utilizaba la fuerza conmigo.

—¡Prefiero verte muerto a que seas maricón! —me gritó cogiéndome de los hombros—. ¡No voy a permitir que seamos el hazmerreír de todo el mundo!

Lo de mi madre fue más sorprendente. Sin inmutarse, se levantó, me miró y me dijo que me olvidara de que era su hijo.

—Me he llevado la mayor desilusión de toda mi vida, y

nunca te perdonaré el daño que nos has hecho con esto —me dijo.

Siguió con frases duras y acabó confesándome que, aunque alguna vez lo había sospechado, nunca se imaginó que me iba a atrever a decírselo. Que esas cosas era mejor ocultarlas, y que si estaba dispuesto a seguir adelante tendría que abandonar su casa en ese mismo instante. Sin decir más, salió del salón y se encerró en el dormitorio. Mi padre siguió gritando y acusándome.

—Mira lo que has conseguido… ¡Eres un enfermo!

Luego me dio una bofetada. La primera y la última que me dio.

Llamé a Jon por teléfono para contarle lo sucedido. Me dijo que no me preocupara, que ya era mayor de edad y que viviríamos juntos en su casa y con su dinero hasta que yo encontrara un trabajo. Yo hice las maletas, metí todo lo que pude y Jon vino a recogerme con su coche. Mi madre no salió de su cuarto y yo no me despedí de ninguno de los dos. Ésa fue la primera noche en la que sería mi nueva casa, la casa de Jon y la mía hasta varios años después. Fueron dos años maravillosos. Empecé mis estudios de enfermería, que compaginaba con un pequeño trabajo por horas cuidando a un anciano.

Nuestra relación de pareja se fue consolidando. Vivíamos como un matrimonio, según decían algunos de mis amigos. De mis padres nunca más tuve noticias. Lo intenté, llamé varias veces, pero mi madre me dejó muy claro que yo era el único responsable de esa situación. Una vez conseguí quedar con ella. El encuentro duró apenas cinco minutos. Mi madre, después de darme un frío beso, me preguntó si estaba dispuesto a rectificar, a cambiar de actitud, a reconocer que me había equivocado.

—Mamá, no hay nada que cambiar —intenté explicarle—. Yo soy feliz, estoy muy enamorado…

No me dejó terminar, se levantó y se marchó.

Jon y yo volvimos de vacaciones de Semana Santa y él empezó a sentirse mal. Estaba muy cansado. Fue al médico para hacerse unas pruebas y un día volvió a casa con los resultados de unos análisis de sangre. Estaba muy pálido y sus ojos reflejaban un miedo inmenso. La enfermedad había sido diagnosticada demasiado tarde. Sufrió un rápido deterioro y antes de un año murió. Yo no tuve tiempo de darme cuenta de lo que estaba ocurriendo. La dulce historia de amor se quebró de pronto sin que se me hubiera pasado por la cabeza que aquello podría sucedernos. Él era demasiado joven para morirse y yo para todo lo demás. Me quedé solo, tremendamente solo, y como no lograba salir del agujero, intenté acercarme a mis padres pero no encontré respuesta. Un día forcé un encuentro con mi padre. Le abordé en la cafetería donde solía ir todas las mañanas. No se sorprendió al verme, ni me preguntó cómo estaba, pese a que sabía lo de Jon, y mantuvo una actitud distante durante toda nuestra conversación. Al despedirse fue igual de tajante que siempre:

—Tú tomaste una determinación y yo te advertí de las consecuencias… Ahora tienes que asumir que nosotros ya no somos tu familia.

Sus palabras retumbaban en mi cabeza —aún lo hacen— mientras él me daba la espalda y desaparecía. Me quedé allí bastantes minutos más y después me marché. Me fui a casa y me metí en la cama. No sé cuánto tiempo estuve allí, creo que algunos días; sólo sé que cuando me levanté había tomado una decisión. Marcharme lejos, muy lejos. Quería irme de España y empezar otra vez. Sin Jon, claro. Una vida sin Jon.

Aquí, en París, en el hospital donde trabajo he encontrado nuevos y valiosos colegas. A ningún Jon, de momento. Pero es que eso es muy difícil.

XV

Algunos referentes

Ningún hombre de bien, ningún deportista, ningún médico reputado, ningún intelectual de vanguardia, ningún artista prestigioso, ningún padre, ningún hijo perfecto, ningún catedrático, ningún juez, ningún presentador de televisión, ningún actor, ningún empresario. Nadie con proyección pública era gay. O al menos nadie lo confesaba con naturalidad. Así pues, pasaron sus infancias, sus adolescencias, sus juventudes, sin nadie a quien admirar que fuera como ellos. Sin nadie a quien poder poner como ejemplo ante los suyos cuando los rechazaban. Sólo había locas, o trastornados, o marginales. Ni siquiera tenían personajes de ficción en los que fijarse. Todo estaba en la sombra. Como ellos. Por eso, los dos protagonistas de este capítulo son eso, «algunos referentes», para los que vienen detrás, para los que están leyendo este libro y siguen ocultos. Para que puedan asirse a algo que los calme por dentro, que les dé luz.

Militares, sacerdotes, políticos, jueces, artistas e intelectuales se han unido en los últimos tiempos a la lista de hombres homosexuales que han salido al aire para reivindicar el derecho a sentir lo que quieran y como quieran sin que nadie los juzgue por ello.

La historia de Jesús Encinar

Nací en Ávila hace 37 años y soy el creador del portal inmobiliario líder en España, idealista.com, y de la página web para guardar opiniones y servicios en cualquier parte del mundo, 11870.com. En el año 2008 fui elegido uno de los únicos siete españoles que forman parte del foro de jóvenes mundiales, perteneciente al World Economic Forum. Provengo de una familia de clase media abulense. Tengo tres hermanos. Vivo en pareja con mi novio Dani desde hace más de diez años. He querido contar parte de mi historia como homosexual porque creo que todavía son necesarios los buenos ejemplos, los referentes.

Nunca tuve conciencia de que era homosexual. Hasta el año 1993, en que murió mi padre, no me había planteado grandes cuestiones vitales. En aquel momento, con 22 años, empecé a hacerlo. Y descubrí que la carrera profesional no llevaba a ningún sitio. Que ser el que más ganaba, el que más viajaba, el más listo, el que tenía un trabajo más chulo, ser el número uno, el que tenía más responsabilidad, no me hacía feliz. Que vivía en una soledad enorme. Que tenía 23 años y no me había tocado nadie. Que yo, cuando llegaba a casa por la noche, estaba solo. Y me dije: por aquí no voy bien. Cuando mi padre murió me lo planteé todo. La vida se podía acabar en cualquier momento y yo no tenía que demostrar nada a nadie. Pensé que para salir del armario —o ni siquiera, simplemente para conocer gente, para tener una pareja, que era algo que yo había idealizado— tenía que marcharme de España. Se me cruzó entonces un folleto de la Universidad de Harvard y sentí que debía irme. Con mi ambiente, con mi familia, con mis amigos, con mis compañeros de la universidad, o de trabajo, estaba casi como en una tela de araña. Un lugar cómodo, en el que estás envuelto, pero en el que no te puedes mover, en el que no eres tú. Yo necesitaba irme, cambiar de continente, empezar de cero, construir mi personalidad sin tener que responder a las expectativas de nadie, donde yo no fuera Jesús el de Ávila.

Hasta ese momento yo no tenía referentes homosexuales. O apenas: sólo los griegos, Lorca y la película *Maurice* (que encima acababa mal) eran los únicos ejemplos más o menos claros. Y en el año 1993 la película *Philadelfia*. Pero, coño, ni Banderas ni Hanks eran gays en la vida real; ellos también interpretaban a un personaje. No había ningún precedente, ningún personaje público había salido del armario, nadie; ni los que ahora están siempre presentes como personajes gays, ni Boris, ni Jesús Vázquez, ni Almodóvar. Antes de irme a Estados Unidos yo había estado dos años estudiando en Londres, donde nunca acudí a un bar gay a pesar de que había uno a cinco minutos de mi casa. Tampoco fui a ningún bar gay en

Madrid. Me horrorizaba pensar qué dirían de mí si me veían en uno de esos locales de ambiente. Yo, que nunca salía de bares, ¿cómo iba a ir a un bar gay? Conclusión, yo no soy gay, yo no soy de ésos, yo no tengo que ir a esos bares porque yo no soy gay, me negaba a mí mismo. Sentía que mi entorno era una atadura. El proceso más difícil de salir del armario es la autoaceptación, mirarte al espejo y decir: yo soy de ésos, y ésos no son como en las películas españolas. Si miras cómo se contaba la homosexualidad en España, te encuentras con películas de Fernando Esteso o Alfredo Landa, que salían con bata de guatiné y un caniche en los brazos, representando a una loca, a un estereotipo. Nada más lejos de como era yo; yo era otra cosa, yo era Caravaggio, Lorca, los griegos. Disfrutaba leyendo los *Diálogos* de Platón hablando del amor. Todo eso te da una amplia base cultural, pero te aísla de la realidad. En los ochenta y los noventa no había ningún referente positivo gay en la tele, ni uno, ni un personaje público abiertamente gay, ni una sola noticia en los periódicos; el día del Orgullo no empezó a salir en la prensa hasta finales de los noventa.

Así que con todo ese caos interior decidí irme a Estados Unidos para hacer un máster. Quería encontrar un mundo sin influencias de mi entorno, con gente que no me conociese, donde yo no tuviese que mantener la identidad que me había sido asignada desde pequeño: de niño bueno, estudioso, de Ávila, hijo de Celia y de Natalio, religioso, católico, todas esas cosas que se te asignan. Llegué a Harvard con una hoja en blanco para poder decidir yo, y vestir como quisiese, y vivir mi adolescencia con años de retraso. Creo que los gays vivimos la adolescencia mucho tiempo después de la época que nos toca. La adolescencia biológica, la que se pasa entre los 13 y los 17 aproximadamente, los gays solemos vivirla en silencio. En esa época en que los heterosexuales despiertan a la sexualidad, se enamoran por primera vez, sufren el primer desamor y leen a Neruda, los gays solemos sufrirlo cinco, ocho, diez años después; cuando nuestros amigos heterosexuales están ya teniendo niños, nosotros estamos jugueteando, flirteando, intentando madurar. Para mí fue muy importante ver que en Harvard había una política de no discriminación. Fue una de las cosas que más me impresionaron de todo lo que encontré al llegar. Ahora puede parecer lo más normal del mundo, pero en 1993 y 1994 algo así no se había visto jamás aquí. Si en aquel momento alguien me hubiera preguntado por qué me iba a Estados Unidos, no habría sabido muy bien qué decir. No creo que hubiera confesado que era para poder abrirme, porque ni yo mismo lo sabía. No podía ni verbalizarlo. Estaba tan dentro del armario —de hecho, creo que el armario era yo—, tenía tan interiorizada la homofobia, que era yo mismo el que me impedía salir y verme desde fuera. Yo no podía creer que pertenecía a una minoría, porque siempre había formado parte de un grupo de élite: era hombre, blanco, de clase media, de clase dominante, español…

Llegué a la universidad y me encontré con montones de clubes de estudiantes y de actividades de todo tipo. Pero lo que supuso todo un descubrimiento para mí fue el club gay. Vi como los compañeros no se sorprendían, les parecía un club más. Yo me puse en contacto con ellos y me citaron para una cena. Y llegué allí y un grupo de gente encantadora, simpática, incluido un profesor, hablaba de las clases, de cosas normales, de lo cotidiano. Para mí fue precioso. Me resultaban raros sus códigos de conducta (yo no tenía pluma y me sorprendía que los que sí la tenían no la ocultasen), y cuando me los encontraba por el campus se me aceleraba el pulso: temía que los otros compañeros heterosexuales me relacionaran con los gays si yo los saludaba.

Recuerdo con cariño un día del año 1995, a las dos semanas de llegar: me convertí de pronto en un activista en la universidad. Se celebraba el día del apoyo al mundo gay y se pedía la implicación de todos con una pegatina a favor de la minoría homosexual. Ver por el campus a tanta gente con esa pegatina fue bonito e importante para mí. En mi segundo año tuve mi primera relación; fue mi primer novio, con toda su maraña de sentimientos. Fui definiendo quiénes eran mis amigos, y me di cuenta de que no tenía sentido que ellos me contaran su vida y yo mantuviera oculta la mía. Y ésa fue mi verdadera salida del armario.

Luego decidí irme a San Francisco, busqué trabajo y lo encontré en una empresa de Silicon Valley. Pasaba las vacaciones en España, y una noche, en un bar de Madrid, en abril de 1998, conocí a Dani, mi pareja desde entonces. Cuando tuve que volver, se vino conmigo a pasar el verano. En agosto regresó a España y yo me quedé destrozado, así que decidí dejar San Francisco e instalarme en Madrid. El fin de semana de mi vuelta lo pasé con Dani en el Parador de Cuenca, y estando en Uclés, dándonos besos por las callejuelas, me llamó mi hermano mayor desde Ávila (al móvil, yo fui uno de los primeros que tuvo móvil). Me dijo que mi madre había sabido que estaba en Madrid, y que había insistido en viajar desde Ávila para estar conmigo en Madrid porque le extrañaba que hubiera regresado de Estados Unidos y no hubiera ido a verla. Mi hermano, que es incapaz de guardar un secreto y para evitar que mi madre se presentase en Madrid y no me encontrara, no se le ocurrió otra idea que decirle a mi madre, a las bravas, que no fuera a Madrid porque «Jesús está con su novio en Cuenca». Así que yo allí, de fin de semana romántico con Dani, y mi madre con 68 años llorando en casa. Exigiéndome que le dijera que no era cierto lo que mi hermano Natalio le había contado. Nos encontramos en Madrid. Fue un momento durísimo, lleno de reproches: «Cómo me haces esto a mí». Esto, en el año 1998, es como si dijeses hoy que tu hijo es pederasta. Natalio, mi hermano mayor y causante del desbarajuste, aprovechó para decirle que no sólo yo, Jesús, era gay, sino que también mi hermano Fernando lo era. Fue tremendo, yo intentaba tratarla con todo el cariño del mundo, pero si yo tenía homofobia y soy del año 1970, imagínate ella.

Conozco mucha gente que no puede contar nada, que deciden no hablar por el amor que sienten por sus padres: «Son mayores, no lo van a entender» es la frase más habitual. Pero creo que la gente puede cambiar. Si mi madre, una señora de Ávila, con casi 70 años, sin el menor referente, no digo que lo acepte ni que lo comprenda, porque ni lo acepta ni lo comprende, ni lo ve bien, pero me quiere y no lo ve tan mal como antes, y se siente muy orgullosa de mí, y puede ver que tengo una vida en la que soy muy feliz; si mi madre ha sido capaz de cambiar, todo el mundo puede. Pero es que, además, la alternativa es mucho peor porque mucha gente no es consciente de que el silencio tiene un coste más alto.

Esa primera escena con mi madre acabó mal. Estábamos solos, llorando los dos a las tantas de la madrugada, agotados. Aquello no había hecho más que empezar. Luego hubo un tiempo muerto y los dos años siguientes fueron muy duros. Mi madre no quería aceptarlo, intentaba que no se lo dijera a nadie. Me decía: «No se lo digas a las primas», y yo le contestaba que ya lo sabían, y ella se horrorizaba y lloraba y preguntaba quién más lo sabía. Yo le contestaba que ya lo sabía prácticamente todo el mundo, y ella otra vez sollozando, que cómo era posible, que cómo le había hecho esto… Durante meses no hablaba del asunto, era yo el que sacaba el tema: «Mamá, éste es mi novio», «Mamá, me voy a la manifestación del día del Orgullo Gay». Ella se espantaba, decía que qué vergüenza, que cómo iba a ir allí para que me viera todo el mundo. Prefería que no lo hablara, que fuera como un secreto, que lo viviera a escondidas y no con visibilidad. En fin, horrible, lo pasó fatal la pobre. Y yo también. Vivir toda aquella dureza con la persona que más me quiere y a quien más quiero ha sido terrible, pero también liberador. ¿Y qué cambió para que mi madre evolucionara? Pues no sé, pero no te creas que mi madre lo acepta; desde aquel momento lo llama «el problema» y suele decir cosas como: «Este chico tiene un problema como el tuyo». Cada vez que yo aparezco en un medio de comunicación hablando como gay, la hundo en la más profunda de las tristezas durante unos días, aunque ha llegado un punto que, no sé si es la edad o la aceptación, le da igual ya todo. Durante un tiempo me recriminaba que yo había salido del armario para meterla a ella en la cocina, que desde que yo vivía mi homosexualidad ella no se atrevía a salir de casa. Pero ahora ya lo hace y vive con normalidad mi situación y la de mi hermano, y es ella misma la que se lleva las manos a la cabeza cuando escucha determinados planteamientos.

Hace unos años me enteré de una anécdota protagonizada por mi madre. Un día, tomando el café con sus amigas de Ávila, se pusieron a hablar del día del Orgullo Gay que se celebraba en esos momentos. Qué asco, decían, qué vergüenza, son unos degenerados... Mi madre callaba. Y ante la insistencia en ese tipo de comentarios por parte de sus amigas, dijo: «Uf, si os parece bien cambiamos de tema, porque yo tengo dos hijos homosexuales y son muy buena gente y quieren mucho a su madre». Silencio. No sé qué dijeron sus amigas, pero aquélla fue la salida del armario de mi madre. Yo me enteré de esto mucho tiempo después porque ella se lo contó a mi tía, y mi tía a mi prima, y mi prima a mí. Le pregunté a mi madre por qué no me lo había contado y me dijo que pensaba que me iba a molestar. Ella todavía cree que me duele que la gente se entere de que soy gay. Fue un momento conmovedor, muy tierno, muy especial para los dos.

La historia de Eduardo Mendicutti

Eduardo Mendicutti es escritor y periodista. Nació en Sanlúcar de Barrameda, Cádiz, en 1948. Es el mayor de ocho hermanos y desde sus primeros tiempos como escritor ha tenido presente en sus textos de manera significativa el mundo homosexual. Es uno de los referentes de la literatura gay en España.

Una de las primeras imágenes que Mendicutti tiene asociadas a la homosexualidad pertenece a la infancia.

«Tenía unos 8 años, recuerdo la figura de un arropiero que le metía mano a los niños. A mí me fascinaba. Los demás le maltrataban, pero yo sentía atracción por él. Era muy extraño. En vez de producirme repulsión, me producía fascinación. ¿Por qué yo no reaccionaba igual que mis hermanos o el resto de mis amigos? Algo había en ese tipo que a mí me producía curiosidad, como los soldados de la base de Rota, los novios de las muchachas, de los que recuerdo a uno que era boxeador… Y yo a esa edad tenía la sensación de que mi relación con todos ellos era distinta. No puedo decir que aquello me hiciera sufrir, o no lo recuerdo, pero sí que me producía un cierto desasosiego, un ligero desconcierto. Igual que mis lecturas. Podrían ser las mismas que las del resto de mis amigos (yo no leía *Mujercitas*, leía las novelas de Marcial Lafuente Estefanía, por ejemplo, y me encantaban también las películas del Oeste), pero estoy convencido de que la relación con los personajes de ficción que yo establecía no era la misma que la de mi entorno.»

El primer amor llegó para el escritor, como para casi todo el mundo, en los albores de la adolescencia.

«En ese momento en que la gente lo pasa mal, en ese momento de los afectos en los que ya empiezas a sentir, a imaginar cosas con alguien, a frustrarte por no conseguir lo que quieres, yo me enamoré de un compañero de colegio. A mí me gustaba mucho y él me correspondía, y éramos amigos y todo el mundo lo sabía. Llegaron las vacaciones y se fue a veranear fuera del pueblo. Yo le escribía cartas y él nunca me contestaba. Y aquello fue terrible para mí… Nunca lo disimulé. A mí se me notaba que estaba jodido. Y se lo conté a mi madre de alguna manera. Ella intuyó a lo que me refería, más o menos, y me dijo que aquello era pecado. Pero no recuerdo ningún reproche en concreto de mi familia, ningún conflicto en ese sentido. Quizá por algo que visto desde fuera puede parecer un desastre, pero que yo lo recibí como una bendición: en mi familia nadie contaba nunca nada, así que ser inexpresivo, no decir las cosas, no era nada extraño. Las cuestiones emocionales estaban muy resguardadas. Mi madre, pese a su religiosidad, nunca se metió con ninguno de los ocho hijos, cuando poco a poco fuimos abandonando los ritos que ella nos había inculcado. No sé si era tolerancia, comprensión o simplemente desapego, pero lo que está claro es que, fuera lo fuera, se trató de una ventaja para poder llevar yo la vida que quería. Lo ha sido siempre.»

El imaginativo adolescente, el triunfador de la clase, el líder, el brillante alumno tampoco tuvo problemas para relacionarse en el ambiente escolar de aquellos años, quizá precisamente por esas cualidades.

«Probablemente yo había compuesto una figura de triunfador y por eso llegaba a hacer cosas ridículas, atrevidas. Yo canto como los perros, y llegué a cantar de solista en el coro del colegio. Creo que porque yo le ponía a aquello un poco de "salsa". Quizá a veces pecara de arrogante, supongo que para que no me comieran. Luego eso se traslada a la familia. Si tú tienes esa actitud triunfante, la familia no puede reprocharte nada. No es un problema. Recuerdo que incluso en clase, en alguna charla en la que surgía el tema de la atracción de los chicos por los chicos, y creo que yo lo provocaba. Había risas pero no burla; nunca me sentí maltratado, no sé por qué.»

Años después, en la mili, el joven Mendicutti se convirtió en el favorito de un capitán.

«De él todo el mundo decía que era gay, bueno, que era "maricón". Yo empecé a bromear con él, y allí nadie dijo nada, nunca pasó nada. Luego el capitán se encaprichó con otro chico, que era el más guapo de nuestra compañía. Después llegué a Madrid, y nada más iniciar la carrera de periodismo empecé a escribir en una revista, de manera que hasta económicamente me independicé de mi familia. *La estafeta literaria*, se llamaba, en los años finales del franquismo. Ya en los primeros artículos apuntaba que era gay, como en todos mis libros restantes. No había duda. Por eso dijeron que no podían publicar ese artículo. También me pasó con la primera novela, *Tatuaje*, que ganó el premio Sésamo, y que no se pudo publicar porque fue censurada.»

Fuera como fuera, la vida de Eduardo Mendicutti nunca estuvo marcada para mal por su condición gay, como él mismo cuenta siempre que tiene ocasión. Incluso siente un cierto rubor al confesar que su vida transcurrió plácida en ese mundo que tantos compañeros y amigos vivieron con amargura y con adversidad.

«Tuve un novio mucho mayor que yo, que era un actor americano, con amistades muy sofisticadas, y que me invitaba todos los veranos a Estados Unidos. En mi casa decía que me iba, y ellos sabían que yo no tenía dinero, así que era evidente que alguien me ayudaba. Era afortunado, claro, pero de alguna manera creo que he "comprado" a mi familia su beneplácito. ¿Cómo? Siendo un hijo ejemplar, siendo el primero que ayuda cuando hay que ayudar, haciendo más que el resto, sin reproches. A veces me pregunto por qué tengo que dar más, ¿porque soy gay y me tengo que hacer perdonar algo? Soy el mayor. Mi padre murió cuando yo tenía 25 años y aquello (mi madre y ocho hermanos) cayó encima de mí. Hice cosas que quizá otro no habría hecho, y todo el mundo lo habría entendido, y si yo no lo hubiera hecho habría sido un desagradecido. Y yo me digo que ése es el precio que he pagado, lo acepto para evitar el conflicto. Las cosas han cambiado, desde luego, pero ante mi familia, mi condición gay sigue siendo un tabú. Hace unos años estábamos reunidos de vacaciones en la casa familiar de Sanlúcar de Barrameda. Mi hermano pequeño había alquilado un película para verla todos juntos. En una de las historias se reflejaba una relación gay y en ese momento se creó un cierto silencio, una cierta incomodidad, sobre todo por parte de mi madre. Ella no manifestó nada, pero entre nosotros, de común acuerdo, quitamos la película y pusimos otra. Una vez más, para evitar el conflicto.»

Buceando en las novelas de Eduardo Mendicutti se encuentran continuas referencias a lo que la condición homosexual ha provocado en los hombres y en las mujeres en la España contemporánea. Los instantes que marcaron la infancia, los desafectos, las derrotas íntimas de un niño que se sabe diferente. Su obra compone un retrato variado y no siempre festivo del mundo gay, con algunos tintes autobiográficos. Poblar sus novelas de referencias y personajes homosexuales es sin duda una manera de reivindicar su identidad, de dotarla de contenido. Los personajes de Genaro y Vladimir, de *El beso del cosaco*, por ejemplo. O los de *El palomo cojo*. O los de su última novela, *Ganas de hablar*, donde las relaciones entre el niño gay y su familia más próxima aparecen crudamente retratadas. Sin concesiones, sin matices, sin prejuicios. Por ejemplo, en los dos siguientes fragmentos:

Mi padre siempre se las arreglaba para coger en brazos a Antonia. Parece mentira cómo puede uno acordarse de cosas así, con lo chico que yo era. Le decían a mi padre anda, Rafael,

coge en brazos a tu Paquito, y mi padre siempre llamaba a
Antonia, que entonces casi ni gateaba, y la cogía a ella en brazos y a mí me dejaba con los bracitos extendidos. Le daba grima cogerme en brazos, eso dijo una vez […] y muchas veces
le gritaba a mi madre que dejara de ponerme lacitos y tirasbor-
dás. Por eso le daba grima, claro. A veces pienso ¿por qué no
se le cayó ninguna vez Antonia de los brazos y se le desnucó
la niña, para que mi padre viviera toda su vida con esa condena […] Cuánto daría yo por tener una foto en brazos de mi
padre…

A mí, si los Reyes me ponían una muñeca o una cocinita,
mi padre me las destripaba. Mi madre me preguntaba ¿qué
quieres que te traigan los Reyes, corazón? Y yo le decía, quiero
que me traigan una muñeca y una cocinita, y los Reyes me las
traían, pero mi padre lo destripaba todo a pisotones y lo tira-
ba a la basura.

Epílogo

Esto no es el final

Estamos en el siglo XXI. Con una ley en mantillas; pese a todo, ser gay en España, a pesar de los derechos aprobados por el Parlamento, sigue siendo un íntimo drama para muchos, porque en lo que la ley no ha entrado todavía es en el alma de los padres, los hermanos, los amigos, los otros familiares, los compañeros de estudio, de trabajo. La ley no puede vencer la educación, la mala educación, la cultura perversa, los lastres sociales o religiosos. Y con ellos se arrastran por el mundo muchos de los gays más o menos glamurosos que ustedes pueden ver cada día en los medios de comunicación, en las finanzas, en la política. Fuera y dentro del armario. Pablo cierra una serie de trozos de vida, pinceladas de los amores de muchas personas que continúan sin tenerlo fácil. Son algo así como un fresco de la realidad: tras ellos hay cientos, miles que, ojalá, encuentren en estas líneas algo de paz, algo de luz.

La historia de Pablo

Nací en Ciudad Real hace 45 años, en un pueblo pequeño.
Trabajo en televisión. Vivo en Madrid.

Iñaki y yo tuvimos vidas profesionales paralelas. Uno en prensa y otro en televisión. Ambos fuimos ascendiendo, ocupamos cargos de responsabilidad, alcanzamos casi todas las metas que nos habíamos marcado. Cuando enfermó, Iñaki estaba a punto de marcharse de corresponsal a La Habana, un puesto que había deseado muchas veces. Y yo dirijo un programa informativo en televisión. También éste es un objetivo profesional cumplido.

Mientras alcanzábamos el respeto social, la plenitud emocional, mientras obteníamos reconocimiento profesional, laboral, mientras establecíamos relaciones de pareja, teníamos amigos gays, militábamos en la causa, nos posicionábamos, nos reeducábamos, sentíamos que éramos otros; nos reconocíamos, asumíamos la condición; mientras todo eso sucedía, nuestros padres vivían al margen. Siguen viviendo al margen en muchos casos. A mí me jodía mucho una frase que mi madre siempre me decía cuando yo le contaba que estaba muy cansado, que me levantaba muy pronto, que estaba muy ocupado:

—El trabajo es salud —espetaba, zanjando la cuestión y la esperanza de que se preocupara por mí y no por el trabajo como concepto.

Cuando llegué a la tele, a realizar este último proyecto en el que estoy, me di cuenta de lo mucho que me había costado alcanzar esto. Y pensé: qué putada, cómo es la vida, puedo tener todo lo que me propongo y no puedo compartirlo con mi familia honestamente. Puedo conseguir el éxito social, el laboral, pero no el personal, el íntimo. No puedes contar nada, ni decir nada, ni comunicar nada. No hay posibilidad alguna de explicar lo que has logrado (si no es algo material), de contar cómo es tu pareja, de hablar de tus planes de futuro, de nombrar a tu amado por su nombre, de explicarle a tu madre cómo es tu vida doméstica, cómo será la casa que vas a comprarte (en pareja), con quién te vas de vacaciones, si estás o no enamorado. Todo eso te frustra una vez más. Eres autosuficiente, tal y como anhelabas, o así lo crees. Notas que el respaldo social se consolida, pero te das cuenta de que estás solo, sin tu familia real, sin la de siempre, y eso produce una soledad de nuevo, y una angustia total, que te hace infeliz. Has conseguido muchas cosas, pero no puedes compartirlas con ellos.

Todo el mundo sabe que eres gay, pero *tus padres no lo saben* y eso te hace sentirte insatisfecho. Y lo más importante: pese a todo lo que logres, aunque seas un tipo exitoso, con una vida próspera, con un futuro brillante, aunque seas una buena persona, e incluso aunque alcanzaras la fama por ser bueno en tu trabajo, siempre tendrás la certeza de que los has defraudado, de que no eres ni serás nunca el hijo que ellos hubieran deseado. Hay algo íntimo, secreto, nunca revelado, que siempre les producirá rechazo, decepción, escalofríos. Y uno ha de ser muy fuerte, tener la cabeza muy bien amueblada, ser muy estable emocionalmente para que todo eso te deje indiferente, o para que te deje continuar con tu vida, sin demasiadas ataduras.

Iñaki no lo consiguió, no tuvo tiempo. Y yo… pues no sé. Estoy en el camino, supongo, pero el asunto es recurrente, siempre vuelve. Un día pienso que no pasa nada y al otro me vengo abajo. Creo tener la certeza de que lo que me importa de veras es mi nueva familia, la construida con el corazón, la no impuesta. Pero a veces me gustaría que mi madre me llamara y me preguntara por mí y por mi marido. Como hace con mi hermana.